Manual de Encuestas de Movilidad

Preferencias Reveladas

GIST

Grupo de Investigación de Sistemas de Transporte, 2015

AUTORES

ÁNGEL IBEAS PORTILLA
Dr. Ingeniero de Caminos Canales y Puertos
Profesor Titular de Universidad del Area de Ingenieria e Infraestructura de los Transportes
Universidad de Cantabria

FELIPE ALBERTO GONZALEZ ROJAS
Dr. Ingeniero Civil e investigador
Profesor Asistente en la Facultad de Ingeniería
Universidad Diego Portales

LUIGI DELL' OLIO
Dr. Ingeniero de Caminos Canales y Puertos
Profesor Titular de Universidad del Area de Ferrocarriles
Universidad de Cantabria

JOSE LUIS MOURA BERODIA
Dr. Ingeniero de Caminos Canales y Puertos
Profesor Titular del Area de Ingenieria e Infraestructura de los Transportes
Universidad de Cantabria

Con la colaboración especial del Catedrático de Transportes de la Pontificia Universidad Católica de Chile, **Dr. D. Juan de Dios Ortuzar Salas.**

Índice

1. **INTRODUCCIÓN**   1

2. **ENCUESTAS DE VIAJES**   4

2.1 **TENDENCIAS EN LAS ENCUESTAS DE VIAJES**   4
2.2 **ELEMENTOS COMUNES EN LAS ENCUESTAS DE VIAJES**   5
2.2.1 PLANIFICACIÓN PRELIMINAR   7
2.2.2 SELECCIÓN DEL MÉTODO DE ENCUESTA   11
2.2.3 DISEÑO DE LA ENCUESTA   11
2.2.4 DISEÑO DE LA MUESTRA   19
2.2.5 ENCUESTA PILOTO Y PRETEST   24
2.2.6 REALIZACIÓN DE LA ENCUESTA Y TRABAJO DE CAMPO   26
2.2.7 INGRESO, CODIFICACIÓN, EDICIÓN Y MANEJO DE LOS DATOS   27
2.2.8 FACTORES DE CORRECCIÓN Y EXPANSIÓN   30

3. **TIPOS Y MÉTODOS DE ENCUESTAS**   32

3.1 **ENTREVISTA PERSONAL**   35
3.2 **ENCUESTAS AUTO-LLENADO**   40
3.3 **ENCUESTAS TELEFÓNICAS**   45
3.4 **COMPARACIÓN DE MÉTODOS**   48

4. **DISEÑO Y TAMAÑO MUESTRAL**   49

4.1 **MÉTODOS DE MUESTREO**   55
4.1.1 MÉTODO DE MUESTREO ALEATORIO   56
4.1.2 MÉTODO DE MUESTREO ESTRATIFICADO   56
4.1.3 MÉTODO DE MUESTREO BASADO EN LA ELECCIÓN   57
4.1.4 MÉTODO DE MUESTREO EN GRUPOS   58
4.1.5 MÉTODO DE MUESTREO SISTEMÁTICO   59
4.2 **CONCEPTUALIZACIÓN DEL MUESTREO**   59
4.2.1 MUESTREO ALEATORIO   60
4.2.2 MUESTREO ESTRATIFICADO   60
4.2.3 MUESTREO BASADO EN ELECCIÓN   61
4.3 **TAMAÑO DE LA MUESTRA**   62
4.4 **CONSIDERACIONES PRACTICAS DEL MUESTREO**   67
4.5 **MINIMIZACIÓN DEL ERROR MUESTRAL**   69

5. **ENCUESTAS DE VIAJES A HOGARES**   71

5.1 **PLANIFICACIÓN GENERAL**   72
5.1.1 ZONIFICACIÓN   76
5.1.2 CATASTRO DE DIRECCIONES   79
5.1.3 RED VIAL MODELADA   79
5.1.4 GEOCODIFICACIÓN DE LA CIUDAD   82

5.1.5	IDENTIFICACIÓN DE OTRAS FUENTES DE INFORMACIÓN	82
5.2	**DEFINICIÓN DEL TAMAÑO MUESTRAL**	**83**
5.3	**DEFINICIÓN DEL MÉTODO DE ENCUESTA Y SUS ELEMENTOS**	**92**
5.3.1	CARTA DE PRESENTACIÓN	98
5.3.2	IDENTIFICACIÓN GENERAL	101
5.3.3	CARACTERÍSTICAS DEL HOGAR	103
5.3.4	INFORMACIÓN SOBRE LOS VEHÍCULOS	104
5.3.5	CARACTERÍSTICAS DE LOS MIEMBROS DEL HOGAR	106
5.3.6	INFORMACIÓN DE VIAJES	110
5.3.7	HOJA DE REGISTRO DE ACTIVIDADES Y/O VIAJES	113
5.3.8	RECORDATORIOS PARA EL HOGAR	113
5.4	**TAREAS PREVIAS A LA EJECUCIÓN DE LA ENCUESTA**	**114**
5.4.1	ENCUESTA PILOTO	115
5.4.2	PUBLICIDAD	117
5.4.3	INCENTIVOS	119
5.5	**TRABAJO EN TERRENO**	**120**
5.6	**PROCESAMIENTO COMPUTACIONAL**	**123**
5.7	**CORRECCIÓN Y EXPANSIÓN DE LOS DATOS**	**125**
5.8	**VALIDACIÓN**	**131**
5.9	**MEDICIONES COMPLEMENTARIAS**	**132**
5.9.1	AFOROS	132
5.9.2	ENCUESTAS A VEHÍCULOS DE CARGA	133
5.9.3	CATASTRO E INFORMACIÓN SOBRE USO DE SUELOS Y NIVELES DE SERVICIO	134
5.10	**ENCUESTAS CONTINUAS**	**135**
5.10.1	ACTUALIZACIONES PERIÓDICAS DE LAS MATRICES Y DE LOS MODELOS	136
5.10.2	IMPLICACIONES SOBRE LA RECOLECCIÓN DE DATOS	136
5.10.3	TAMAÑO MUESTRAL PARA ENCUESTAS CONTINUAS	137
5.10.4	PONDERACIÓN PARA INTEGRAR LAS ENCUESTAS CONTINUAS	139
6.	**ENCUESTA DE INTERCEPTACIÓN**	**140**
6.1	**PLANIFICACIÓN GENERAL**	**143**
6.2	**DEFINICIÓN DE LOS TAMAÑOS MUESTRALES**	**143**
6.3	**DEFINICIÓN DEL MÉTODO DE ENCUESTA Y REALIZACIÓN DE FORMULARIOS**	**145**
6.4	**MARCO MUESTRAL**	**154**
6.5	**TRABAJO EN TERRENO**	**157**
6.6	**PROCESAMIENTO COMPUTACIONAL**	**159**
6.7	**CORRECCIÓN Y EXPANSIÓN DE LOS DATOS**	**159**
6.8	**VALIDACIÓN**	**160**
7.	**ESTIMACIÓN DE MATRICES**	**161**
7.1	**INTRODUCCIÓN**	**161**
7.2	**INTRODUCCIÓN A LA PROGRAMACIÓN MULTIOBJETIVO**	**166**
7.3	**MODELO DE TRANSPORTE CLÁSICO (HITCHCOCK, 1941)**	**168**
7.4	**MODELO DE DISTRIBUCIÓN GRAVITACIONAL DOBLEMENTE ACOTADO (WILSON, 1970)**	**169**
7.5	**MODELO DE DISTRIBUCIÓN BASADO EN MINIMIZACIÓN DE DIFERENCIAS CUADRÁTICAS (MORRISON Y THUMANN, 1980)**	**170**
7.6	**MODELO DE DISTRIBUCIÓN BASADO EN DESTINOS COMPITENTES (FOTHERINGHAM, 1983)**	**171**
7.7	**MODELOS DE DISTRIBUCIÓN AUTODISUASIVO CON COSTOS CUADRÁTICOS (FANG Y TSAO, 1995)**	**174**

7.8 **MODELOS DE DISTRIBUCIÓN INCORPORANDO MATRIZ A-PRIORI**   **175**

7.9 **ESTIMACIÓN DE LOS MODELOS DE VIAJES USANDO MULTIPLICADORES DE LAGRANGE**   **178**

8. **REFERENCIAS**   **183**

Índice de Figuras

FIGURA 2-1: ELEMENTOS ENCUESTA MOVILIDAD 6
FIGURA 2-2: COMPONENTES DE VITAL 8
FIGURA 2-3: ÁMBITO DE LA INFORMACIÓN A RECOLECTAR EN EL ÁREA DE ESTUDIO 13
FIGURA 2-4: DECISIONES DE DISEÑO EN ENCUESTA MOVILIDAD 15
FIGURA 3-1: PROCESO ENCUESTA ENTREVISTA PERSONAL 36
FIGURA 3-2: PROCESO ENCUESTA AUTO-LLENADO 42
FIGURA 5-1: HOJA ENCUESTA CARTA DE PRESENTACIÓN 100
FIGURA 5-2: HOJA ENCUESTA DATOS GENERALES 102
FIGURA 5-3: HOJA ENCUESTA CARACTERÍSTICAS DE LA VIVIENDA E INFORMACIÓN VEHÍCULOS 105
FIGURA 5-4: HOJA ENCUESTA CARACTERÍSTICAS DEL LOS MIEMBROS DEL HOGAR 109
FIGURA 5-5: HOJA ENCUESTA INFORMACIÓN DE VIAJES 112
FIGURA 6-1: EJEMPLO ENCUESTA INTERCEPTACIÓN VEHÍCULO PRIVADO 151
FIGURA 6-2: EJEMPLO ENCUESTA INTERCEPTACIÓN A BORDO 152
FIGURA 7-1: ZONIFICACIÓN DE TORRELAVEGA 180
FIGURA 7-2: HISTOGRAMA DE VIAJES 181

Índice de Tablas

TABLA 2-1: CUESTIONARIO MÍNIMO 19
TABLA 3-1: MÉTODOS DE ENCUESTAS Y SU USO DE LA INFORMACIÓN 34
TABLA 3-2: VENTAJAS Y DESVENTAJAS ENTREVISTA PERSONAL 39
TABLA 3-3: VENTAJAS Y DESVENTAJAS ENCUESTA AUTO-LLENADO 45
TABLA 3-4: VENTAJAS Y DESVENTAJAS ENTREVISTA TELEFÓNICA 48
TABLA 3-5: CUADRO COMPARATIVO DE ENCUESTAS 48
TABLA 5-1: TAMAÑOS MUESTRALES RECOMENDADOS TRADICIONALMENTE 85
TABLA 5-2: CATEGORÍAS CONSIDERADAS 87
TABLA 5-3: VIAJES POR CATEGORÍAS 87
TABLA 5-4: TAMAÑO ÓPTIMO POR CATEGORÍA 90
TABLA 5-5: DISTRIBUCIÓN DE VARIABLES EN LA MUESTRA 126
TABLA 5-6: DISTRIBUCIÓN DE VARIABLES EN LA POBLACIÓN 126
TABLA 5-7: APLICACIÓN FACTOR DE CORRECCIÓN POR FILA (PRIMERA ITERACIÓN) 127
TABLA 5-8: APLICACIÓN FACTOR DE CORRECCIÓN POR COLUMNA (PRIMERA ITERACIÓN) 127
TABLA 5-9: APLICACIÓN FACTOR DE CORRECCIÓN POR FILA (SEGUNDA ITERACIÓN) 127
TABLA 5-10: APLICACIÓN FACTOR DE CORRECCIÓN POR COLUMNA (SEGUNDA ITERACIÓN) 127
TABLA 5-11 : ESTRUCTURA DE UNA ENCUESTA CONTINUA 137
TABLA 6-1: TAMAÑOS MUESTRALES ENCUESTA DE INTERCEPTACIÓN 145
TABLA 6-2: VENTAJAS Y DESVENTAJAS MÉTODO DE MATRICULA 147
TABLA 6-3: VENTAJAS Y DESVENTAJAS MÉTODO DE AUTOLLENADO 147
TABLA 6-4: VENTAJAS Y DESVENTAJAS MÉTODO DE ENTREVISTA 147
TABLA 7-1: ESTRUCTURA DE VIAJES DE UNA MATRIZ BI-DIMENSIONAL 161
TABLA 7-2: MATRIZ DE VIAJES COCHE, PERÍODO PUNTA MAÑANA, TORRELAVEGA 2006 180
TABLA 7-3: PARÁMETROS ESTIMADOS (MULTIPLICADORES DE LAGRANGE) 181

1. Introducción

La disponibilidad de información cuantitativa, confiable y actualizada relativa a las características de la demanda de transporte es fundamental para tomar decisiones razonables y oportunas con respecto a la gestión, planificación y expansión de sistemas de transporte preferentemente urbano. Como se sabe, las encuestas de movilidad proveen información básica e indispensable para la formulación y estimación de los modelos que son utilizados en la simulación del sistema, y cuyo objetivo final comprende por una parte la detección, diseño y evaluación económica de proyectos de inversión y por otra, obtener resultados coherentes que constituyan información relevante al momento de decidir por políticas de transporte.

La mayoría de los procedimientos estadísticos utilizados en la estimación de modelos suponen que tanto su forma funcional como los datos disponibles se conocen de forma exacta. La realidad es bien distinta, ya que los errores que se producen en las datificaciones (entre otros aspectos) son lo suficientemente relevantes como para que los modelos diseñados para la fase de predicción conduzcan a resultados inductores de políticas de transporte insuficientemente coherentes y en muchos casos erróneos con las necesidades que la demanda de viajes puede presentar.

Por estos motivos, para los estudios de transporte y otro tipo de estudios, es de gran importancia identificar claramente los objetivos de planificación de transporte que se persiguen mediante la obtención de buena información sobre los viajes que se realizan. En muchas ocasiones estos objetivos son múltiples, debido a que existen diferentes tipos de usuarios implicados, por lo que el control de calidad de la información que se obtiene es fundamental, así como la validación de los resultados. Asimismo, la forma de recoger la información ha de ser más eficiente y con menos errores, lo cual requiere combinar diferentes fuentes, técnicas y métodos.

El equilibrio pues ha de conseguirse combinando la complejidad de los modelos a utilizar con la precisión de los datos, concordantes ambos con el presupuesto destinado a este tipo de estudios.

El control de calidad de la información que se obtiene en muchos estudios de muestreo en España, no es lo suficientemente exhaustivos como para garantizar resultados suficientemente fiables en términos de la validación de los resultados. Asimismo, la forma de recoger la información puede ser más eficiente y sujeta a menos errores; esto requiere combinar diferentes fuentes y métodos como los que se proponen en este manual.

Aun cuando en España han sido y son utilizadas metodologías prácticamente obsoletas, no es menos cierto que las experiencias obtenidas por su utilización en ciudades españolas han proporcionado resultados relativamente fiables en términos generales. Sin embargo dichas metodologías traen como consecuencia importantes deficiencias en aspectos más finos que, a no dudar, pueden ser y son de hecho relevantes en una adecuada calibración de los modelos de planificación.

El siguiente Manual de Buena Práctica para el cálculo de matrices O/D está dirigido a tomadores de decisiones (políticos y profesionales) del sector planificación de transporte público y privado, tanto en los ámbitos pertenecientes a las administraciones públicas como a otros profesionales. Es una guía para el desarrollo de encuestas de viajes a hogares, encuestas de interceptación y encuesta a bordo de vehículos.

En lo que respecta a la estructura de este manual, en el capítulo 2 se comentaran las tendencias y se identifican los elementos comunes en las encuestas de viajes; en el capítulo 3 se describe los distintos tipos y métodos de encuestas. En tanto en el capítulo 4 se explican los distintos métodos de muestreo así como su conceptualización, además se plantean una serie de consideraciones para el muestreo y el error muestral.

Por otra parte en el capítulo 5 y 6 se describe en detalle el proceso de realización de encuestas domiciliarias y de interceptación respectivamente, destacando cada uno de los elementos que las componen. Finalmente en el capítulo 7 se plantea una serie de modelos destinados a la representación y estimación de matrices origen-destino los cuales utilizan la información obtenida de las encuestas y tareas complementarias como un dato de entrada, además se propone un novedoso método de estimación de los modelos de tipo gravitacional, a partir de la programación de problemas multi-objetivos.

2. Encuestas de Viajes

2.1 Tendencias en las encuestas de Viajes

Últimamente el ambiente que rodea las encuestas de viajes se ha caracterizado por las demandas de información para responder cuestiones tales como:

- Preocupaciones por aire limpio, congestión en áreas urbanas y la necesidad de dirigir estos problemas con el apoyo de modelos de predicción de viajes, modelos de actividades y micro-simulación.

- El énfasis por desarrollar sistemas de transporte sustentables, que requieren un gran uso de modos no motorizados, nuevas y modernas opciones de transporte público y soluciones a los problemas de transporte que vayan más allá del ámbito de los modelos tradicionalmente usados.

- La necesidad de considerar los movimientos de vehículos comerciales y de carga en el tráfico urbano y en los problemas ambientales.

- El deseo de utilizar tecnologías de sistemas de transporte inteligente.

- El uso creciente de varias formas de soluciones de pago por parte de los usuarios como por ejemplo peajes por entrar al centro en ciudades congestionadas.

- El aumento en la tendencia de privatizar los sistemas de transporte (como las carreteras) ha incrementado la necesidad comercial por información de mercado acerca de patrones de flujo.

Por otra parte la realización de encuestas está enfrentando nuevos desafíos, que deben ser considerados en la planificación, como por ejemplo:

- Disminución en la tasa de respuestas, lo cual puede deberse a distintos factores, entre ellos, la proliferación de encuestas de diversos tipos, y muchas de estas han sido realizadas para vender u ofrecer distintos tipos de productos, lo que provoca un sentimiento de rechazo en la población hacia cualquier tipo de encuestas.

- Altos niveles de multi-culturas y lenguajes dentro de una misma área urbana.
- Altas presiones por el tiempo libre de los individuos, lo que reduce considerablemente su disposición a responder las encuestas y participar en otras actividades públicas.
- Avances en las tecnologías de comunicación lo que le permite a las personas tener un mayor control acerca de cómo se comunican.
- Introducción de políticas de privacidad en varios países, reduciendo la información que se puede recolectar y como se puede usar.
- Reducciones en los presupuestos públicos para la recolección y análisis de la información.

2.2 Elementos comunes en las encuestas de viajes

La mayoría de las encuestas de viajes tienen un proceso de implementación común, en ellas se pueden relacionar los siguientes elementos comunes en las encuestas de movilidad (Ampt y Ortúzar, 2004; Stopher et al,2003; Cambridge Systematics,1996) :

- Planificación preliminar
- Selección del método de la encuesta
- Diseño de la encuesta
- Diseño de la muestra
- Encuesta piloto
- Realización de la encuesta y trabajo de campo
- Ingreso, codificación, edición y manejo de los datos
- Factores de corrección y expansión

En general estos elementos estarán interrelacionados de la forma que se presenta en la siguiente figura:

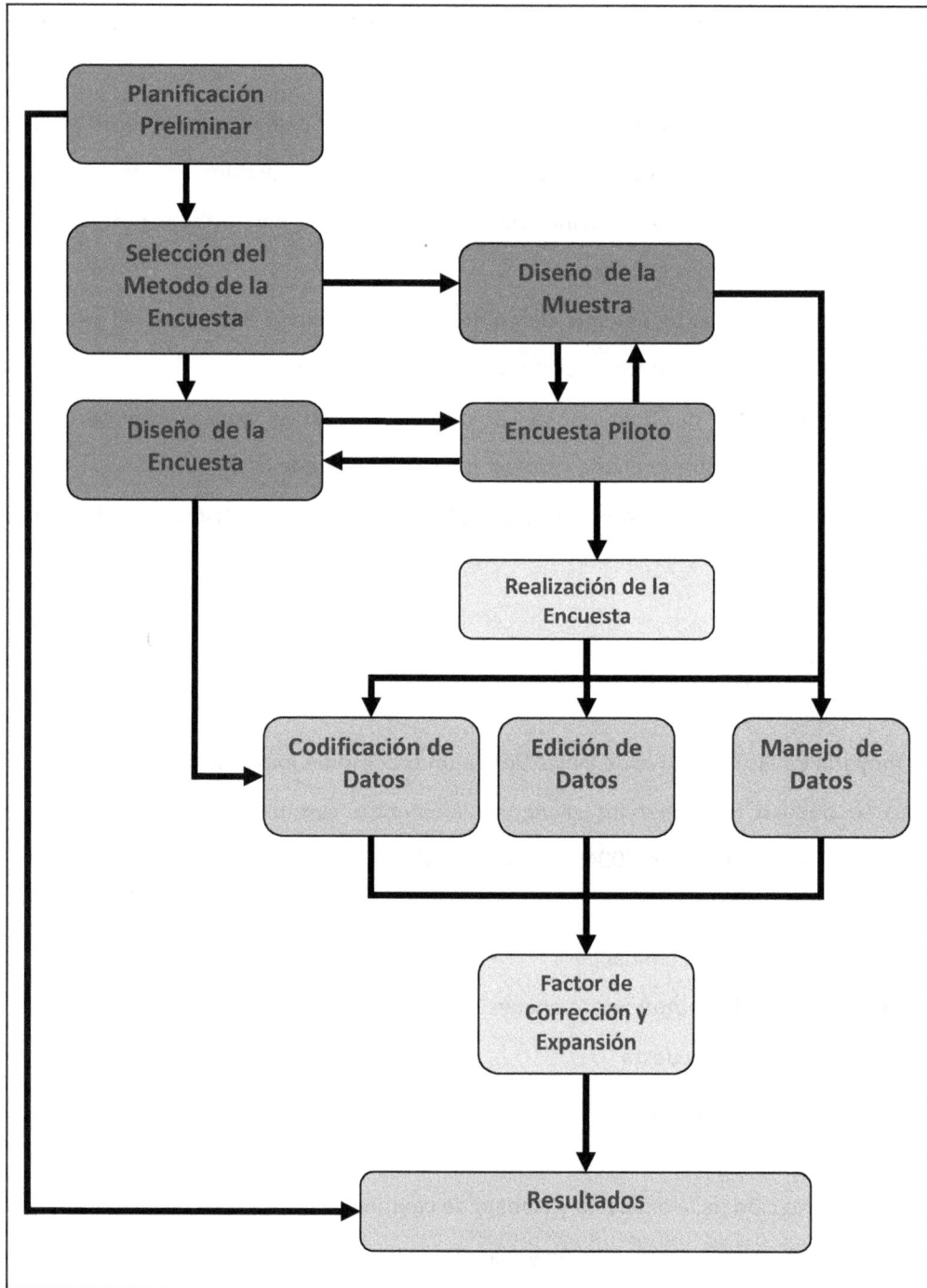

Figura 2-1: Elementos Encuesta Movilidad

2.2.1   Planificación preliminar

Al plantearse la realización de la encuesta lo fundamental es preguntarse *¿Qué es lo que se desea obtener con la encuesta?*. Por ejemplo se puede requerir la encuesta para recopilar información con el fin de desarrollar mejores planes estratégicos, para pronosticar la demanda en estudios de transporte, identificar problemas del sistema de transporte, así como muchos otros objetivos. A partir de la respuesta a la pregunta anterior, se puede determinar la cantidad y la calidad de la información que se requiere, el tipo de encuesta más adecuado a los objetivos y el presupuesto, el diseño posterior, entre otras tareas. Es decir en esta etapa se define el problema a estudiar, especificando las relaciones a considerar entre los distintos estamentos.

Como generalmente la información recogida y utilizada está relacionada con temas de transporte, ésta tenderá a poseer las siguientes características (Ortúzar y Willumsen, 2001):

- Consideración de las etapas de un viaje - asegurándose que el análisis pueda relacionar modos específicos con localidades/momentos del día/longitud de viajes específicos, etc.
- Consideración de todos los modos de viaje, incluso los no-motorizados.
- Medición de propósitos de viaje a un nivel altamente desagregado.
- Cobertura del período de tiempo más extenso posible, es decir, las 24 horas del día, los siete días de la semana, e inclusive en lo posible los 365 días del año.
- Recolección de datos sobre todos los miembros del hogar.
- Obtener datos de alta calidad, de manera que sean lo suficientemente robustos para ser utilizados aún a nivel desagregado.
- Tender a un sistema integrado de recolección de datos, que incorpore tanto las entrevistas a hogares como datos de encuestas de interceptación.

La experiencia internacional ha demostrado, entre otras cosas, que en algunas ocasiones un enfoque amplio para la realización de encuestas origen/destino de hogares puede aumentar sus beneficios, además a veces la información de las encuestas de viajes no justifica los costes de obtención de estas, principalmente por que el acceso es restrictivo y además está separado de otras fuentes de información. En el caso de la ciudad de Melbourne surgió la idea de VITAL (Victorian Integrated Travel, Activities and Land-use) (Richardson y Ampt, 1993; Richardson y Bittallino, 2001), que es un proyecto que consiste en 8 componentes principales, que ha empezado a ser optado en varias ciudades (Figura 2-2:):

Figura 2-2: Componentes de VITAL

De este enfoque se pueden resaltar una serie de elementos claves que se han venido repitiendo en las más avanzadas encuestas de viajes:

- Recolección de información continuada: las últimas encuestas de viajes realizadas a nivel mundial se caracterizan por recoger información para cada día de la semana, a lo largo de todo el año, y durante varios años, de tal forma de poder determinar variaciones estaciónales o de fin de semanas. En este caso generalmente se le pregunta a los encuestados por los viajes realizados durante uno o dos días, aplicando posteriormente factores de corrección para los distintos individuos involucrados.

  Este proceso tiene ventajas tales como:
  - La información disponible siempre está actualizada.

- o Permite medir cambios en la demanda a través del tiempo y también la correlación de esta con la provisión de infraestructuras por ejemplo.
- o Es más fácil para los encuestados responder por uno o dos días de viaje.
- o Disminuyen los costes operacionales de la encuesta y permite un mejor control de calidad.

Pero a la vez se pueden identificar las siguientes desventajas:

- o Puede ser necesario esperar mucho tiempo para obtener la suficiente información requerida.
- o Cuando se usan entrevistadores es necesario mantenerlos motivados durante mucho tiempo o establecer procesos de re-entrenamiento.
- o Es necesario establecer procesos de ponderación para manejar las variaciones estaciónales.
- o Por último también es necesario desarrollar ponderaciones para la información de distintos años.

- Uso de sistemas geográficos (GIS): geocodificar todos los orígenes y destinos, permite tener información a cualquier nivel de agregación. Además las nuevas tecnologías permitirán aplicaciones más sofisticadas como por ejemplo el uso de GPS en las encuestas.
- Actualización periódica de matrices y modelos: el proceso general debe ser diseñado para que se puedan actualizar los distintos modelos a medida que se obtiene más información. Dentro de los elementos significativos para ser actualizados se pueden nombrar:
  - o Modelos de atracción y generación de viajes.
  - o Matrices de origen y destino.
  - o Partición modal.
  - o Asignación de tráfico.

De todas formas para cualquier objetivo de la encuesta estará restringido por los siguientes elementos:

- Duración del estudio: determinara el tiempo y esfuerzo a dedicar durante la toma de datos. Es muy importante lograr un estudio bien equilibrado (en cuanto a sus distintas etapas), evitando el problema demasiado frecuente de que la mayor parte del presupuesto (y tiempo) sea utilizado en la toma de datos, análisis y validación.

- Horizonte del estudio: en estudios tácticos, donde la etapa de diseño está muy cerca de la ejecución, no existe mucho tiempo para llevar a cabo el trabajo, por lo que será necesario utilizar alguna herramienta en particular para el análisis. En estudios estratégicos se puede tener más tiempo para la utilización de cualquier herramienta, pero los errores de predicción no se conocerán hasta después de un tiempo importante (a veces 20 años) en consecuencia habrá que adaptarse implantando un proceso eficiente de control y reevaluación.

- Límites del área de estudio: es necesario centrarse en el área de interés total. Es también necesario distinguir entre área de interés y área de estudio en detalle. Los primeros son normalmente más grandes ya que se espera que el área de estudio se desarrolle en un período de unos 20 años. La definición del área de estudio en general depende tanto del tipo de política preestablecida como de la toma de decisiones prevista.

- Recursos: Es necesario conocer lo más claramente posible y con el nivel más profundo de detalle, cuántas personas estarán disponibles para el estudio y su nivel de dedicación. También hay que conocer, qué recursos informáticos están disponibles y qué restricciones existen para su uso. En general el tiempo y los recursos disponibles deben ser acordes con la importancia de las decisiones que van a ser tomadas a partir de los resultados del estudio. Cuanto mayor sea el coste de una decisión equivocada, mayores deben ser los recursos que hay que dedicar para lograr rehacerla correctamente.

- Otros tipos posibles de restricciones van desde las puramente físicas (p.e. dimensión completa y topografía de la localidad), hasta restricciones sociales y medioambientales (por ejemplo resistencia de la población a responder cierto tipo de preguntas) que necesitan tenerse en cuenta por su influencia en el diseño muestral.

2.2.2 Selección del método de encuesta

La mejor práctica actual para encuestas de hogares utiliza diversos métodos complementarios. En lo fundamental se trata, o bien de la entrevista personal, o la encuesta de auto-llenado. Por otro lado, la entrevista telefónica es un tipo de entrevista personal, y se usa extensamente para encuestas de viaje en Estados Unidos y Canadá.

- Entrevista personal: Una encuesta con entrevista personal es aquella en la que un encuestador está presente para registrar lo que expresa el encuestado en respuesta a una serie de preguntas realizadas por el primero.
- Encuesta de Auto-llenado: Las encuestas con cuestionarios de auto-llenado son una de las formas más utilizadas en estudios de transporte. Se definen como encuestas de auto-llenado aquellas en que los entrevistados completan un formulario sin la asistencia de un encuestador.
- Encuestas telefónicas: Las encuestas telefónicas son útiles en consultas surgidas del seguimiento en encuestas de auto-llenado o de entrevistas personales, o bien en encuestas con propósitos comerciales o de negocios.

2.2.3 Diseño de la encuesta

Al momento de diseñar la encuesta hay que tener en cuenta los objetivos del estudio, el presupuesto y el nivel de confiabilidad que se requiere de los datos. Por lo tanto se debe considerar los siguientes puntos:

- Qué métodos de encuestas son los más apropiados y cuál parece ser el más efectivo para obtener la información requerida.
- Qué individuos o establecimientos deben ser incluidos en la selección de la muestra.
- Cuál marco muestral está disponible para seleccionar la muestra de los individuos relevantes y si esto se puede conseguir con un método de encuesta determinado.

- ¿Deben realizarse medidas especiales para conseguir una adecuada tasa de respuestas?.

- Qué procedimientos se necesitan para conseguir que aquellos grupos difíciles de ser encuestados sean considerados.

- Qué técnicas están disponibles para obtener una tasa de respuesta determinada dado el método de encuesta a usar.

En términos generales un buen diseño de una encuesta de viajes requiere:

- Determinar la información disponible antes de realizar la encuesta. Además es necesario verificar otras encuestas realizadas a la población para mejorar y desarrollar diseños más eficientes.

- Seleccionar una combinación adecuada de los instrumentos de medición disponibles en la práctica.

- Lograr diseños muestrales apropiados para cada instrumento y su contribución al análisis final.

- Diseñar en detalle los formularios de las diversas encuestas y en el caso de las encuesta a hogares su forma de administración (auto-llenado, encuesta personal o telefónica).

- Diseñar un sistema de realización y supervisión de los diversos tipos de encuesta que permita garantizar un mínimo rechazo y una máxima confiabilidad de las respuestas.

- Administrar adecuadamente la implementación del proceso en terreno.

- Diseñar buenos procesos de codificación, digitación y validación.

Por otra parte dentro del ámbito de los viajeros a considerar y por lo tanto de la información a recolectar se puede mencionar (ver Figura 2-3) (Ortúzar y Willumsen, 2001):

- Movimientos de los miembros del hogar dentro del área de estudio.

- Viajes que pasan por el área de estudio, pero cuyo origen y destino están fuera de esta.

- Movimientos de los residentes desde o hacia el área de estudio.

- Movimientos de los no residentes.

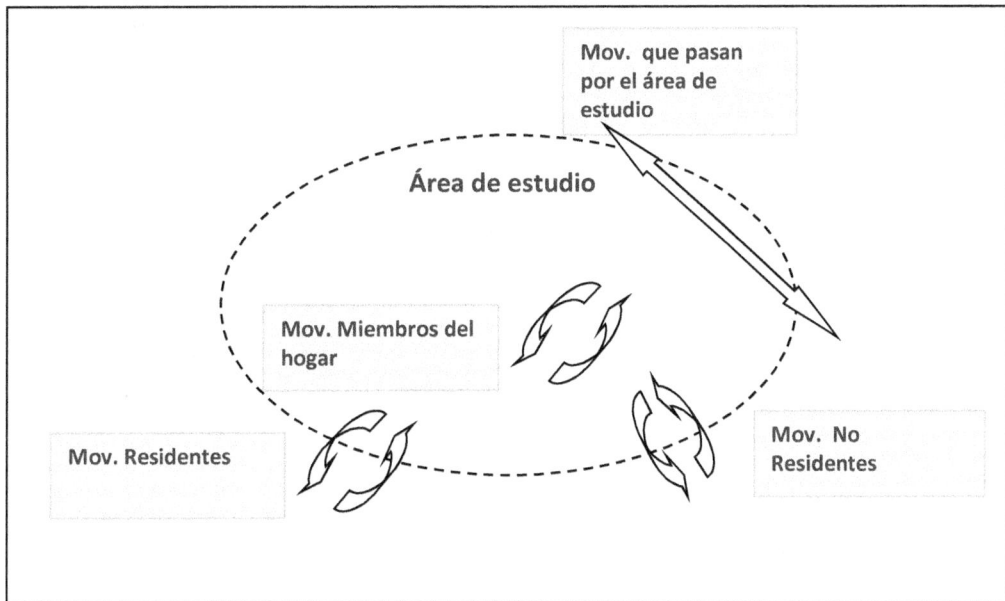

Figura 2-3: Ámbito de la información a recolectar en el área de estudio

Para determinar qué instrumentos de encuestas y observaciones se usaran en la encuesta, se debe resolver una serie de interrogantes entre las que se incluyen (ver Figura 2-4):

- Usuarios y sus objetivos: considera la decisión sobre los usuarios de la información y por ende los objetivos. La información proveniente de una encuesta de movilidad puede ser útil para una gran variedad de usuarios, para diversos tipos de estudios o diversos usos. Estos diferentes usos, por parte de usuarios de la información potencialmente distintos, determinan la forma más apropiada en que los datos debieran ser recolectados.

- Actualización de la encuesta: la actualización puede ser esporádica o frecuente, y va a depender de quien será el usuario de la información recogida en la encuesta, por ejemplo a usuarios particulares les puede interesar una actualización frecuente de la información, con el fin de estar constantemente trabajando con información renovada.

- Tipos de viaje: se refiere al tipo de viaje que debe registrarse, se pueden considerar todos los viajes, o los viajes motorizados y a pie de más de, por ejemplo, 400 metros.

- Días de viaje: considera el día de viaje que debe registrarse. Por ejemplo encuestar todos los días de la semana con el fin de tener información sobre los viajes los días de fin de semana, o se puede encuestar los días promedios (de martes a jueves).

- Estacionalidad: esta decisión afecta considerablemente el coste final de la encuesta, y será una cuestión que dependerá del contexto y los objetivos del estudio en cuestión.

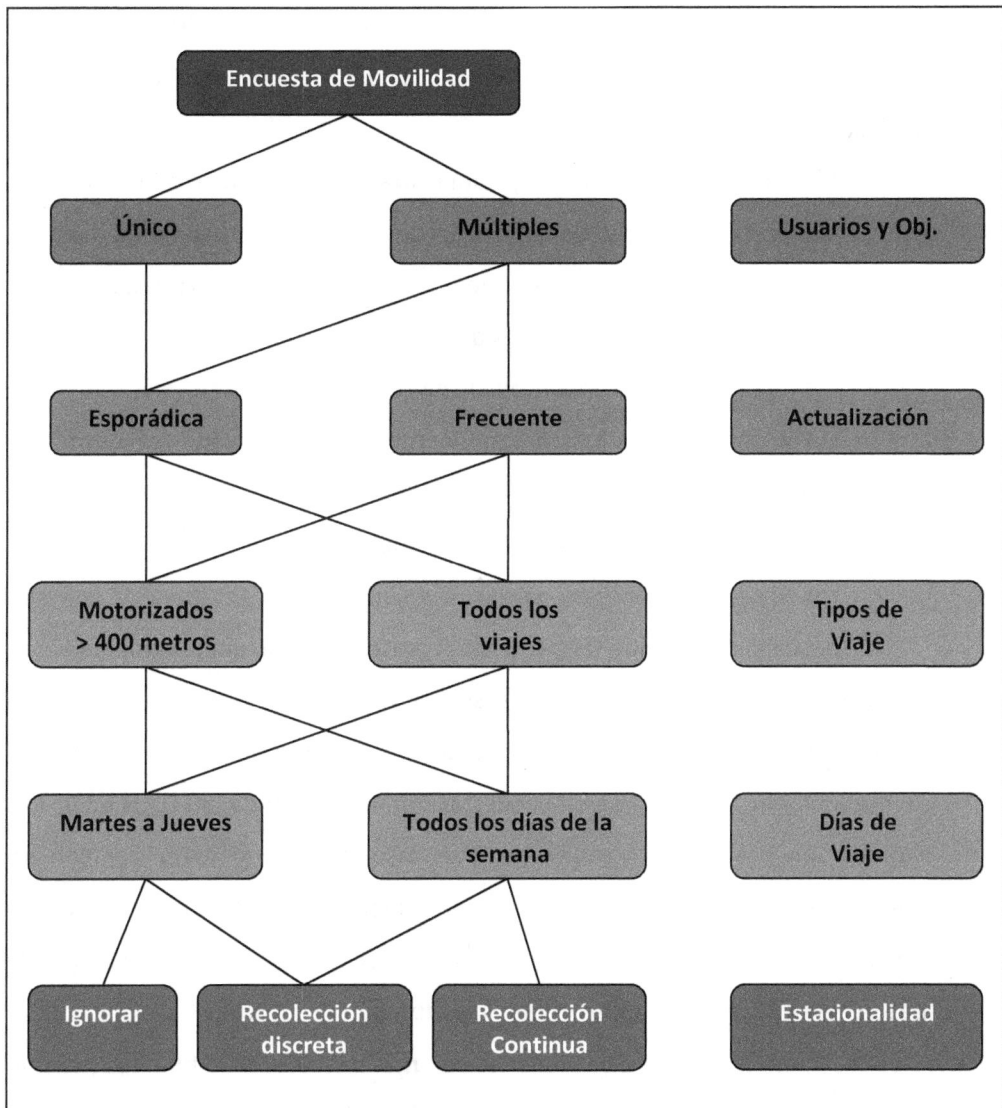

Figura 2-4: Decisiones de diseño en encuesta movilidad

Estas decisiones dependen a la vez de una serie de otras variables como son por ejemplo el tamaño de la ciudad donde se realizara la encuesta de movilidad, su ritmo de crecimiento, el presupuesto, entre otros.

Es necesario considerar que el tipo de encuesta a seleccionar puede estar influido por el tamaño de la ciudad donde se realizara la encuesta de movilidad, distinguiendo tres niveles de tamaño de ciudad, cada uno con sus características y recomendaciones:

- Ciudades pequeñas: Son ciudades con menos de 200.000 habitantes, que presentan características comunes en lo referido a la movilidad, entre las que se destacan:
  - Tienen un centro comercial y administrativo único y bien definido.
  - Muchos de los viajes tienen origen fuera del área urbana inmediata, es decir, muchos viajes son Externos-Internos o Externos-Externos.
  - No experimentan altos niveles de congestión.
  - Las rutas dentro del área urbana son fácilmente identificables.
  - El transporte público es predominantemente entregado por buses con servicios relativamente sencillos.
  - Una zonificación típica tendrá menos de 250 zonas.
  - Los viajes son sencillos, suelen ser centrados en el hogar y con alta probabilidad de que las personas regresen a almorzar allí al mediodía.

En este caso, para estas ciudades se requiere tener buenos modelos de generación y atracción de viajes, y buenas matrices origen-destino, por lo que la metodología debe basarse en encuestas domiciliarias y de interceptación. Las últimas son bastante confiables en este caso y se pueden realizar con un mínimo de problemas en la red. Como en muchos casos este tipo de ciudades no experimenta cambios acelerados, la actualización de la base de datos puede basarse en encuestas de interceptación y aforos.

- Ciudades tamaño medio: Son ciudades con más de 200.000 habitantes pero no alcanzan el millón de habitantes, presentan las siguientes características comunes en lo referido a la movilidad:
  - Existe más de un centro administrativo y comercial que atraiga a viajeros.
  - Una proporción menor de los viajes tiene origen fuera del área urbana inmediata y en este caso es probable que estos desplazamientos se concentren en corredores bien definidos.
  - Se generan puntos aislados de alta congestión.
  - No todas las rutas internas son claramente definibles.

- o Los sistemas de transporte público son más complejos e incluyen la posible presencia de viajes en modos mixtos: tren-bus, tren-auto.
- o Los estudios suelen utilizar entre 250 y 500 zonas.
- o Hay predominancia de viajes simples (no necesariamente concatenados) pero de mayor longitud.

En este caso la respuesta de los viajeros es más compleja pero todavía es posible hacer encuestas de interceptación bastante completas en la mayor parte de la red, además del cordón externo. Los viajes multi-modales en transporte público son pocos e identificables; y por ello se pueden diseñar buenos instrumentos de encuesta para interceptarlos. En este caso se necesita una buena asignación de puntos de encuesta de interceptación ya que probablemente el modelo de elección de destino que se obtenga no será capaz de modelar bien algunas relaciones espaciales. También hay que procurar que los instrumentos de encuesta capten bien los viajes en transporte público y las posibilidades de viajes multi-modales. En este tipo de ciudades es posible esperar cambios más rápidos y profundos en el tiempo. Por ello la actualización de las bases de datos debe combinar encuestas domiciliarias (para captar variaciones de comportamiento), encuestas de interceptación, y aforos de tráfico y pasajeros.

- **Ciudades grandes:** Son ciudades con más de 1.000.000 de habitantes y presentan características de movilidad tales como:
  - o Tienen varios centros de atracción de viajes.
  - o Pocos viajes tienen origen fuera del área urbana inmediata.
  - o Hay episodios de congestión más frecuentes y en muchos puntos de la red.
  - o Es difícil la identificación de rutas mínimas.
  - o Existen más arterias sin semáforos, es decir con intersecciones a diferente nivel, lo que dificulta considerablemente la realización de encuestas de interceptación.

○ El transporte público probablemente incluye sistemas con vías fijas (metro, tren, tranvía) y los desplazamientos suelen incluir modos mixtos: auto-metro, metro-bus, metro-tren, etc.

○ Las zonificaciones requeridas para asignación son de más de 500 zonas.

○ Es más probable que existan viajes más largos (mayores que 45 minutos).

En este caso se dan los mayores niveles de congestión, de instrumentos de intervención, y por ende las mayores dificultades para realizar encuestas de interceptación. En términos proporcionales, las encuestas domiciliarias son bastante eficientes, pero la obtención de matrices se hace cada vez más difícil y compleja. Las encuestas de interceptación a automóviles dentro del cordón externo deben ser breves para evitar colas e interrupciones prolongadas del tráfico. En el caso del transporte público puede ser imposible realizarlas dentro del vehículo en horas de punta. Por otro lado, como los viajeros encontrarán más formas de adaptarse a condiciones de viaje difíciles, la obtención de buenos modelos de transporte es probablemente más importante que la obtención de buenas matrices.

Para los objetivos de planeación estratégica se puede operar con mayores niveles (relativos) de error que para el diseño de medidas locales. Los procesos de cambio en este tipo de ciudades son muy rápidos y profundos, por ello la actualización de la base de datos debe ser frecuente y basarse en encuestas domiciliarias más aforos de viajeros y vehículos. Debe haber más oportunidades para usar recolección automática de información, por ejemplo a través de boletos electrónicos, contadores automáticos permanentes de tráfico y sistemas de control de tráfico computarizados.

Otros aspectos a tener en cuenta es lo referido a las preguntas a desarrollar. Al determinar un conjunto mínimo de preguntas se puede desarrollar categorías, estandarizar las variables, y asegurar que la información esencial siempre es recolectada. En general el ítem de hogar seguido del de actividades y personas han estado bien representados, no ha así el ítem de vehículos. El cuestionario mínimo recomendado para cada ítem se presenta en la siguiente tabla:

Categoría	Ítem	Descripción
Hogar	Dirección	Dirección del hogar o localización geográfica
	Tipo de edificio	Casa, apartamento, etc.
	Tamaño del hogar	Número de miembros del hogar
	Relaciones	Relaciones entre los miembros del hogar
	Ingreso	Ingreso total del hogar
	Número de vehículos	Sumas del total de vehículo
	Tipo de propiedad	Propietario, arrendatario, etc.
Personas	Sexo	0-Masculino, 1-Femenino
	Año de nacimiento	Mejor a pedir edad
	Trabajo	Números de trabajo
	Tipo de trabajo	Empleado, empresario, etc.
	Posee licencia de conducir	1-Posee, 0-No posee
	No movilidad	Indicar porque no se realizaron actividades
	Nivel de educación	Mayor nivel de educación logrado
	Raza	
Vehículos	Tipo	Coche, van, todo terreno, etc.
	Año	
	Propiedad	Vehículo propio, empresa, etc.
	Uso del vehículo	Usuario principal
	Combustible	Gasolina, diesel, etc.
Actividades	Inicio	
	Propósito	
	Destino	Donde se realizó la actividad

Tabla 2-1: Cuestionario mínimo

2.2.4 Diseño de la muestra

Toda encuesta de movilidad se basa en un muestreo de algún tipo, en el cual una parte de toda la población es utilizada para obtener conclusiones de todos los individuos del área de estudio. Incluso si se planeara una encuesta en que se entrevistara a todos los viajeros de un servicio específico en un día, ésta representaría sólo una muestra del universo de viajeros que usan ese servicio en una semana, mes o el año. El desafío en el diseño de muestras es identificar esquemas y tamaños muestrales que permitan obtener conclusiones razonables y modelos de transporte confiables e insesgados, sin gastar recursos excesivos en recolectar información.

Las ventajas de encuestar a solo un parte de la población son:

- Económicas.

- Ahorro de tiempo y obtención de resultados en menos tiempo.

- Factibilidad.

- Calidad y veracidad.

El proceso de diseño de una muestra se hace en cinco etapas principales (Cambridge Systematics,1996):

- Identificación del universo sobre el que hay que muestrear (todos los viajeros, todos los hogares, todos los viajeros en transporte público, etc.).

- Identificación del sistema de muestreo y de la base sobre la cual se tomará la muestra: por ejemplo, catastro de viviendas, todos los vehículos que pasan por un punto de encuesta de interceptación, etc.

- Determinación de la precisión requerida para una o más variables a observar: tasa de viajes, número de viajes entre dos puntos, partición modal.

- Cálculo del tamaño muestral para alcanzar esa precisión.

- Estimación de los recursos necesarios para obtener esa muestra.

Los métodos para determinar la combinación óptima de instrumentos de encuesta y los tamaños muestrales requeridos, no son en general muy sofisticados porque los presupuestos y restricciones temporales se establecen antes de involucrar a los analistas de transporte. Estos presupuestos generalmente se basan en supuestos sobre el coste de diferentes tipos de información y no en el coste de contar con menor precisión en términos de tomar decisiones más pobres, o llegar a conclusiones equivocadas (ver Ortúzar y Willumsen, 1994).

La determinación de tamaños y esquemas muestrales óptimos es imposible en la práctica. Debido a que los datos servirán como entrada a diferentes modelos, muchos de ellos complementarios, y para distintos análisis.

En todo caso, cuando se diseña una encuesta de movilidad es necesario seleccionar las formas de encuesta a usar y encontrar una combinación de las mismas, que si bien no es necesariamente óptima, al menos satisfaga los requerimientos del estudio dentro de sus límites presupuestarios.

El diseño muestral para encuestas de hogares se trata en detalle en muchas fuentes, algunos aspectos del mismo lo constituye: marco de la muestra, tamaño muestral y muestra temporal.

- Marco de la muestra. Es una lista de base que identifica adecuadamente cada unidad muestral en la población de interés, de la cual se seleccionaran registros para encuestar. En general los hogares son la unidad muestral base, por lo que se necesita partir de una lista de hogares. Las cuatro alternativas más comunes son:
  - Listas elaboradas por compañías de servicios públicos (por ejemplo servicios eléctricos, agua potable, televisión por cable).
  - Catastros (listas de todas las viviendas en áreas residenciales).
  - Registros electorales.
  - Padrón municipal.
  - Directorios telefónicos.

  Estas 3 últimas tienen el problema de contar con información incompleta (por ejemplo gente que no tiene teléfono o no vota), inadecuadas (por ejemplo los registros electorales tienen información acerca de individuos y no de hogares), información duplicada (por ejemplo sucede con frecuencia en los directorios telefónicos).

- Tamaño muestral. Sólo es posible entregar algunas pautas generales en cuanto a los tamaños muestrales requeridos para muestreos aleatorios simples, ya que si bien muchos cálculos se basan en técnicas estadísticas, los datos de entrada son imprecisos y a veces subjetivos, los que deben ser ingresados después de un análisis cuidadoso. La esencia de los cálculos del tamaño muestral es la compensación. Si la muestra es demasiado grande la encuesta será demasiado costosa para los objetivos estipulados y el grado de precisión requerido. Si la muestra es muy pequeña los resultados quedarán sujetos a un alto grado de incertidumbre y esto puede significar que la confiabilidad de las decisiones basadas en los resultados de la encuesta se debilite. Entre estos dos extremos existirá un punto para encontrar una muestra con coste y efectividad óptima para los objetivos propuestos. Como depende de los objetivos, hay que tener muy en cuenta el propósito por el cual se requiere la información, por ejemplo, para determinar el tamaño muestral requerido cuando se van a estimar los parámetros de una población, han de observarse tres factores principales:

- o La variabilidad de los parámetros que se están midiendo dentro de la población.
- o El grado de precisión requerido para cada una de las estimaciones de parámetros.
- o El tamaño de la población.

De estos el tamaño de la población no afecta de manera significativa el tamaño muestral requerido: lo importante es el tamaño muestral absoluto, es decir en encuestas de poblaciones medianas y grandes, es el número de observaciones en la muestra, más que la fracción muestral lo que determina la precisión de las estimaciones. Una muestra de doscientas personas en una población de diez millones es tan precisa como una muestra de doscientas personas en una población de diez mil (ver Ortúzar y Willumsen, 1994). Como la mayoría de las encuestas tiene más de un parámetro crítico, es necesario efectuar cálculos de tamaño muestral para cada parámetro (lo que puede dar como resultado diferentes estimaciones del tamaño muestral requerido), o bien calcular un tamaño muestral total ponderando la importancia de cada parámetro individual.

- Muestra Temporal. Además del muestreo es necesario determinar el periodo de duración de la encuesta y la asignación de los días de viaje. Los estudios de transporte se concentraban en la necesidad de modelar el período punta de la mañana, en días de semana, por el lapso de tiempo más corto posible, durante un período promedio del año. Estudios más recientes prefieren tomar períodos más largos, incluso cubriendo varios años, para así poder tomar en cuenta la estacionalidad y los efectos de la periodicidad. Los beneficios principales son:

- o Se pueden observar tanto cambios anuales como variaciones estaciónales.
- o Se cuenta con amplia información sobre los fines de semana y los días de semana.
- o Se optimiza los costes debido a que los tamaños de las muestras son generalmente menores en cada período.

En cuanto a la asignación del día de viajes, es recomendable que el encuestador fije uno con antelación, de lo contrario se puede generar un sesgo en la distribución de los datos perjudicando la calidad de estos.

- **Muestreo en encuestas realizadas a bordo de los vehículos**. En este caso la unidad muestral son los pasajeros y no los vehículos, de esta forma hay que estratificar las líneas de transporte público, tomar una muestra de los recorridos, una muestra de los buses en cada recorrido y una muestra de los periodos del día en que cada bus opera. Así para calcular los factores de expansión será necesario conocer el número de recorridos en cada estrato y el número de buses que operan en los diferentes periodos del día.

Dentro de los tipos de muestras más utilizados se pueden mencionar:

- Muestra aleatoria simple: La unidad de la muestra se selecciona de forma aleatoria dentro del marco muestral.
- Muestra sistemática: en este caso el analista selecciona la unidad de muestra en secuencias determinadas por un intervalo determinado.
- Muestra estratificada: Se utiliza alguna información determinada (por ejemplo tamaño del hogar, posesión de coche) para dividir la población en estratos, y luego de cada estrato se utiliza un muestreo aleatorio simple.
- Muestra en grupos (cluster): En este caso la unidad muestral son grupos (cluster) de elementos de la encuesta, por ejemplo encuesta en empresas.

Primero se escoge un grupo de empresas a encuestar y luego se escoge una muestra de empleados.

- Muestra basada en la elección: es usada cuando se necesita una representación importante de algún grupo determinado que es difícil seleccionar con un muestreo aleatorio simple.

2.2.5   Encuesta piloto y pretest

Sin lugar a dudas, la manera ideal de elegir un método de encuesta es llevar a cabo una prueba piloto (e incluso varias) a fin de examinar todos los aspectos de la propuesta del estudio. En muchos casos se pueden poner a prueba distintas alternativas dentro de una encuesta piloto, en el contexto de un diseño experimental controlado, para definir cuál alternativa sería más efectiva en la encuesta principal.

El objetivo es determinar si la encuesta funcionara y producirá los resultados esperados. En algunos casos se suelen usar para probar distintos tipos de encuestas o diferentes métodos, en otros casos son utilizados para refinar ciertos elementos del proceso.

En general una encuesta piloto corresponde a llevar a la práctica todo el proceso de la encuesta, escogiendo un subconjunto de la muestra total, llevando a cabo la encuesta, codificando la información y haciendo análisis de esta. En tanto, el pretest, corresponde a probar algún elemento de la encuesta o un grupo de ellos para probar distintas alternativas para ellos.

Las encuestas pilotos y los pretest deben realizarse si no existe un conocimiento previo de aspectos importantes de la encuesta y cómo van a funcionar.

Entro otros aspectos las encuestas piloto y los pretest son beneficiosos porque:

- Proveen información da la variabilidad de los distintos componentes.
- Permite refinar el trabajo de campo y el sistema logístico de la encuesta.

- Permite probar los cuestionarios, la secuencia, el lenguaje y el formato.

- Es posible comparar distintas alternativas para conseguir determinada información.

- Se puede identificar respuestas no esperadas y ciertos comportamientos de los individuos al momento de responder.

- Permite capacitar a los entrevistadores.

- Provee una base para estimar los costes de la encuesta.

- Permite determinar el diseño más efectivo.

- Se puede estimar el tiempo en que se tarda en llenar el cuestionario.

- Se pueden hacer estimaciones preliminares de la varianza de las variables claves que pueden ayudar a re-estimar el tamaño muestral.

Es importante que el cuestionario sea probado con gente no experta en el tema, ya que a veces el lenguaje conocido por unos no lo es para otros. Por lo tanto en esta etapa se debe asegurar que los entrevistados responden de una manera consistente. Además se les pide a quienes responden el pretest que describan cualquier problema o confusión que puedan encontrar. Últimamente se han vuelto muy populares los grupos focales, en donde un grupo de individuos son guiados por un analista para determinar las fortalezas y debilidades de la encuesta.

En las encuestas en que los entrevistadores interactúan con los miembros del hogar, la encuesta piloto o el pretest debe incluir el escuchar a los entrevistadores para determinar cómo interactúan con los encuestados potenciales, como manejan la encuesta y que posibles causas puede generar el cuestionario u otros ítems de la encuesta.

Al parecer las muestras necesarias para los pretest pueden ser más pequeñas que las utilizadas en las encuestas pilotos, pero en ningún caso la muestra debe ser inferior a los 30 hogares o respuestas completas. Para no comprometer la encuesta principal, la muestra debe ser escogida en lo posible de los hogares no incluidos en la muestra principal, pero pueden surgir problemas cuando lo que se está probando son las tasas de respuesta, por lo que en ese caso será necesario escogerla del conjunto de hogares seleccionados inicialmente. Además es importante que otros expertos, en lo posible no involucrados en el desarrollo de la encuesta, revisen el cuestionario y los procedimientos, de tal forma encontrar problemas en la encuesta que pueden no ser haber sido detectados por los que han desarrollado la misma.

2.2.6   Realización de la encuesta y trabajo de campo

Antes de realizar la encuesta propiamente tal, es fundamental un trabajo de capacitación de todo el personal involucrado en la encuesta, tanto de oficina y de campo. La calidad de los trabajadores en terreno y de los entrevistadores puede ser fundamental para tener una encuesta exitosa.

Durante la capacitación del personal se debiese considerar entre otros aspectos:

- Procedimientos para contactar a la gente y presentarles el estudio.
- Familiarizar al personal con los formularios de la encuesta, mapas y otros elementos.
- Estandarizar un lenguaje estándar al momento de realizar el cuestionario.
- Procedimientos para prohibir respuestas inadecuadas.
- Reglas y guías para manejar los procedimientos internos.

Por lo tanto en este proceso se debiese internalizar a los trabajadores que el trabajo que realizan es importante, que deben ser capaces de seguir instrucciones, los prejuicios pueden invalidar la información, las encuestas realmente sirven como medio para proveer la información. Convencerlos de que a la gente le gusta participar en las encuestas y que los encuestados requieren de su cortesía y de privacidad en sus respuestas.

Durante la realización de la encuesta es fundamental supervisar el desempeño del trabajo en terreno, controlando los siguientes aspectos:

- Verificar si las tasas de respuestas y cooperación obtenidas hasta el momento son como las que se esperaban.

- Determinar si el coste por encuesta completa es diferente o no del estimado a priori.

- Controlar que la calidad de los cuestionarios respondidos sea la esperada.

- Monitorear si los trabajadores de campo están cumpliendo sus tareas adecuadamente.

2.2.7   Ingreso, codificación, edición y manejo de los datos

Al momento de diseñar la encuesta es necesario considerar aspectos de codificación e ingreso de datos.

Antes de que el cuestionario contestado en una encuesta mediante entrevista personal llegue a la oficina, ya debería haber sufrido dos formas de edición: en terreno y de supervisión. La edición en terreno es realizada por el encuestador y se usa tanto para verificar que las respuestas estén completas como para expandir las notas escritas sobre el cuestionario por el encuestador y controlar su legibilidad.

La edición del supervisor debe realizarse como una verificación de control de calidad, y también para garantizar que el cuestionario contestado que se envía para codificación sea legible, esté completo y sea coherente. Dependiendo del tamaño muestral, el personal de la oficina puede realizar el trabajo de supervisión.

Durante la etapa de codificación la información de la encuesta es procesada en códigos de tal forma de facilitar el uso de la información para el desarrollo de modelos y presentación de resultados.

En general el proceso por el cual las respuestas de los encuestados se transforman en información utilizable, consta de 3 etapas:

1. El encuestado o el entrevistador registra la respuesta.
2. El codificador convierte la respuesta en un código específico.
3. El digitador ingresa la respuesta específica en una base de datos.

Una vez ingresada la información en la base de datos, se deben realizar revisiones sistemáticas con el fin de identificar posibles problemas. Dentro de las tareas que se pueden realizar se incluyen:

- Corregir posibles errores en la codificación de los datos.
- Validar las respuestas de la encuesta.
- Aplicar técnicas analíticas para reducir la no-respuesta en algunos ítems.

Cuando se trata de lugares geográficos, por ejemplo hogar, trabajo y lugares de destino, su codificación es extremadamente importante en encuestas de viaje. A menudo, la codificación de localizaciones es el componente que consume mayor cantidad de tiempo en la codificación de una encuesta de transporte. Esto también es cierto cuando se efectúa la codificación de localización a nivel zonal en vez de a nivel de un punto local. La información del cuestionario consiste generalmente en el nombre de una calle, de una sección censal o suburbio; el procedimiento de codificación requiere que esto sea transformado en un código numérico. A fin de lograr esta transformación se han adoptado distintos enfoques, pero es fundamental el diseño de la encuesta propuesta, para que los encuestados respondan adecuadamente, es decir den la información de la localización lo más detallado, en lo posible nombre de calle, número, localidad, otros, de tal forma que se puedan facilitar las labores de codificación.

El método de codificación de localizaciones más utilizado en el pasado, ha sido la atribución de localidades a zonas específicas. De esta manera, cada combinación de calles-suburbios queda dentro de una zona particular. Esta zona se determina normalmente por el uso de tablas o software de localización, el cual es un proceso que toma mucho tiempo. El uso de zonas tiene también la desventaja de que no pueden ser separadas en unidades más pequeñas y los límites de las zonas no pueden cambiarse.

En este sentido sería ideal utilizar, en lugar de zonas, las coordenadas geográficas correspondientes a cada dirección, origen o destino. Para facilitar este proceso, se puede incorporar a la encuesta el uso de mapas y otros materiales de apoyo, o mejor aún, utilizar programas computacionales de apoyo.

El auto-llenado con códigos de localidad se puede intentar también pidiéndole a los encuestados que indiquen las coordenadas x-y de los orígenes y destinos de los viajes en un mapa especialmente preparado, distribuido a todos los encuestados, pero que encarece la encuesta. El éxito de este método depende del tamaño del área de estudio y de la precisión con que se registran las localidades geográficas. Dada un área de estudio específica, tendrá que llegarse a un equilibrio entre el tamaño del mapa suministrado a los encuestados, la cantidad de detalles a incluir en el mismo y el coste de la impresión.

Desde luego un inconveniente de este aspecto es que se supone que los encuestados saben leer mapas y que pueden registrar sus viajes origen-destino en términos de coordenadas x-y.

El último método de codificación de localización, que seguramente es el de mayor eficiencia para grandes encuestas de transporte, es la geocodificación directa de nombres de calles y suburbios (y otras localidades importantes). Este método supone el uso de un programa de computación en donde el usuario ingresa una dirección, el computador controla el contenido de una lista de direcciones (de manera muy parecida a la usada por un codificador cuando revisa un índice o directorio de calles), y luego suministra una coordenada x-y para tal localidad. El programa de computación debe tener la capacidad de conjugar coordenadas con direcciones incorrectas (causadas por mal deletreo de la calle, o el uso del nombre de un suburbio adyacente) y debiera tomar en cuenta los números de las casas, sobre todo en calles largas, es por este motivo que también es importante que la respuesta sobre la localización haya sido lo más completa posible. El sistema de coordenadas adoptado dependerá de la base de datos utilizada. Los Sistemas de Información Geográfica (SIG) para la conversión de información de localizaciones han sido utilizados en varias encuestas.

En conclusión la documentación de información clara y concisa es una tarea muy importante dentro de las encuestas de viajes. Muchas veces se realiza usando diversas fuentes y formatos, por lo que es fundamental contar con correctos diccionarios para una correcta interpretación de la información.

Finalmente se debe poner énfasis en asegurar la confidencialidad de los datos, ya que se recopila mucha información acerca de los encuestados, por ejemplo tamaño del hogar, número de automóviles, nivel de ingreso, entre otros.

2.2.8   Factores de corrección y expansión

Una vez recolectados los datos, estos deben ser corregidos para garantizar que las distribuciones de tamaño familiar, sexo y edad, sean iguales en la muestra que en la población (censo), para ello se requiere un método iterativo. De otra forma no se garantiza que los datos corregidos satisfagan ambas condiciones. El método biproporcional (Ortúzar y Willumsen, 1994) es el enfoque más adecuado en este caso, ya que garantiza la convergencia y en muy pocas iteraciones.

Por otra parte existen tres fuentes principales de error sistemático (sesgo, distorsión) en un conjunto de datos muestrales típicos:

- No-respuesta: se refiere a la situación en donde un hogar o individuo no dio respuesta de ningún tipo, es decir, no hubo llenado de formulario. Es necesario reconocer si efectivamente se trata de no respuesta, es una muestra perdida (por ejemplo porque la casa estaba vacía) o rechazo (aquellos casos en que los miembros del hogar pudieron haber viajado, pero se negaron a contestar). En el caso de encuestas con entrevistas personales la corrección puede ser hecha en base al número de visitas que debió ser visitado el hogar antes de haber logrado una respuesta.

- Datos no-reportados: el caso de encuestas contestadas en donde el analista se encuentra con casos en los cuales ciertas preguntas no han sido contestadas. En encuestas de auto-llenado esto se puede mitigar entrevistando una muestra de validación y luego ponderando la información correctamente. Cuando se trata de entrevistas personales, esto no debería suceder ya que el entrevistador debiese estar bien entrenado.

- Datos inexactos: son los casos en que el analista determina que algunas de las respuestas suministradas en la encuesta son objetivamente incorrectas, inexactas o incompletas.

Si bien el problema de información incompleta es un inconveniente, especialmente para el codificador que tiene que tratar de proporcionar la información que falta, un problema aún más grave es completar los viajes no-reportados.

3. Tipos y métodos de encuestas

En la actualidad existen diversos tipos de encuestas de viajes al igual que se utilizan diversos métodos complementarios, entre ellos destacan la entrevista personal y la encuesta de auto-llenado. Entre los tipos de encuestas de viajes las más comunes son:

- **Encuesta a hogares**: Son usadas tradicionalmente para la recopilación de información para la planificación estratégica y la estimación de modelos de demanda y oferta de transporte. En estas encuestas, los individuos son contactados en sus hogares, y se les pregunta a cerca de características personales, de la vivienda, vehículos y sus viajes realizados en todos los modos de transporte ya sea dentro del área de estudio o entre dentro y fuera de dicha área, durante el período temporal de referencia. Esta información es muy útil para recabar datos que permitan la estimación de modelos de generación de viajes así como de elección modal; además, los datos sobre los desplazamientos de las familias proporcionan buenas informaciones sobre la distribución de la longitud de los viajes en la ciudad, lo cual representa un elemento importante para la estimación de los modelos de distribución de los viajes.

- **Encuestas de interceptación**: Estas son encuestas más breves, realizadas en un punto que intercepta desplazamientos de las personas. Las más comunes son las encuestas a la vera del camino. Se realizan generalmente parando al vehículo y luego entrevistando al conductor o entregándole un formulario que posteriormente deberá devolver por correo. Generalmente estas encuestas se centran en obtener información de un viaje en particular a una hora determinada del día. Se utilizan fundamentalmente para obtener información acerca de origen y destino de viajes que cruza cordones importantes dentro de la ciudad, en algún corredor determinado o para tener datos de viajes internos-externos y externos-externos, además recopila información para validación y para estimar modelos de partición modal y distribución.

- **Encuestas a bordo de los vehículos de transporte público**: Son encuestas donde se intercepta a los pasajeros a bordo de vehículos de transporte público. Se utilizan fundamentalmente para recopilar información acerca del origen y destino de los viajes y características de los pasajeros, sobre todo en algunas ciudades donde el uso del transporte público es minoritario y por lo tanto difícil de captar en las encuesta a hogares, también son usadas para estimar modelos de elección modal.

- **Encuestas en vehículos comerciales**: Si bien se puede obtener información a través de encuestas a hogares y encuestas de interceptación, se requiere de este tipo de encuestas dependiendo de los objetivos del estudio. Se utilizan fundamentalmente para obtener información acerca del origen y destino de los viajes de camiones, taxis y otros vehículos comerciales. Además en algunos casos se puede preguntar por la carga que llevan los vehículos.

- **Encuestas en empresas e instituciones**: se usan principalmente para recoger información acerca de zonas de atracción de viajes, recolectando información acerca de las características de los viajeros y origen y destino de los viajes.

- **Encuestas a turistas y hoteles**: Una pequeña porción de viajes es realizada por turistas, por este motivo, se realizan encuestas específicas para determinar las características de este tipo de viajes.

- **Encuestas en aparcamientos**: últimamente se ha hecho importante estudiar y determinar la demanda y oferta de aparcamientos. Son similares a las encuestas en establecimientos, pero en estas se preguntan más detalles acerca de las variables de servicio relacionadas como por ejemplo tiempo de aparcamiento, tiempo de acceso, entre otros.

El tipo de encuesta a utilizar dependerá de los objetivos del estudio así como una serie de otros factores dentro de los que se incluyen: presupuesto, factibilidad, profundidad del estudio. En este manual se describirán detalladamente las encuestas a hogares (capítulo 5) e interceptación de vehículos privados y transporte público (capítulo 6).

En la siguiente tabla se resumen los tipos de encuestas y el principal uso de su información.

Tipo de encuesta	Universo para muestreo	Uso de la información
Encuesta a Hogares	Hogares y/o personas de un área determinada.	Modelos de generación, distribución de viajes, partición modal, actividades, comportamiento de viajeros.
Encuesta de interceptación	Personas en vehículos dentro de un área determinada, carretera, cordón.	Matrices O-D, modelos de distribución y partición modal, validación.
Encuestas a bordo	Pasajeros de los vehículos encuestados.	Modelos de elección modal.
Encuestas en vehículos comerciales	Vehículos comerciales en un área determinada	Matrices O-D, modelos de generación y distribución de vehículos comerciales.
Encuestas a empresas e instituciones	Empleados de las empresas y residentes en instituciones	Modelos de atracción de viajes, Matrices O-D y modelos específicos
Encuestas a turistas y hoteles	Residentes de hoteles previamente seleccionados.	Modelos de visitantes (generación, distribución)
Encuestas en aparcamientos	Usuarios de aparcamientos en un área determinada.	Modelos de lección, costes de aparcamientos.

Tabla 3-1: Métodos de encuestas y su uso de la información

Al igual que existen distintos tipos de encuestas, cada uno puede ser ejecutado de distintas formas, por ejemplo mediante el uso de entrevistas personales, correos de auto-llenado o entrevistas telefónicas. A continuación se describe cada uno de ellos.

3.1   Entrevista Personal

Una encuesta con entrevista personal es aquella en la que un encuestador está presente para registrar lo que expresa el encuestado en respuesta a una serie de preguntas realizadas por el primero.

La entrevista puede ser llevada a cabo en distintas partes:

- En el hogar: los encuestados son contactados en el hogar donde se les entrevista acerca de sus viajes.
- Durante el viaje: corresponde a las entrevistas de interceptación y ocurre durante la realización del viaje.
- Entrevistas en lugares de trabajo: los encuestados son contactados y entrevistados en el trabajo. Es usado sobre todo para encuestas a vehículos comerciales.
- Entrevistas en centros públicos: Los encuestados son contactados en lugares públicos como centros comerciales, áreas de ocio, para captar un grupo determinado de gente.

El proceso de la entrevista personal se presenta en la Figura 3-1. El primer paso consiste en el contacto inicial con los encuestados, en este punto el encuestado puede aceptar o rechazar hablar con el entrevistador. El entrevistador presenta el estudio y puede lograr o no la participación del entrevistado. En algunos casos puede existir un filtrado inicial antes de realizar la encuesta (por ejemplo por edad). Si el encuestado esta en el grupo de interés se seguirá realizando la encuesta.

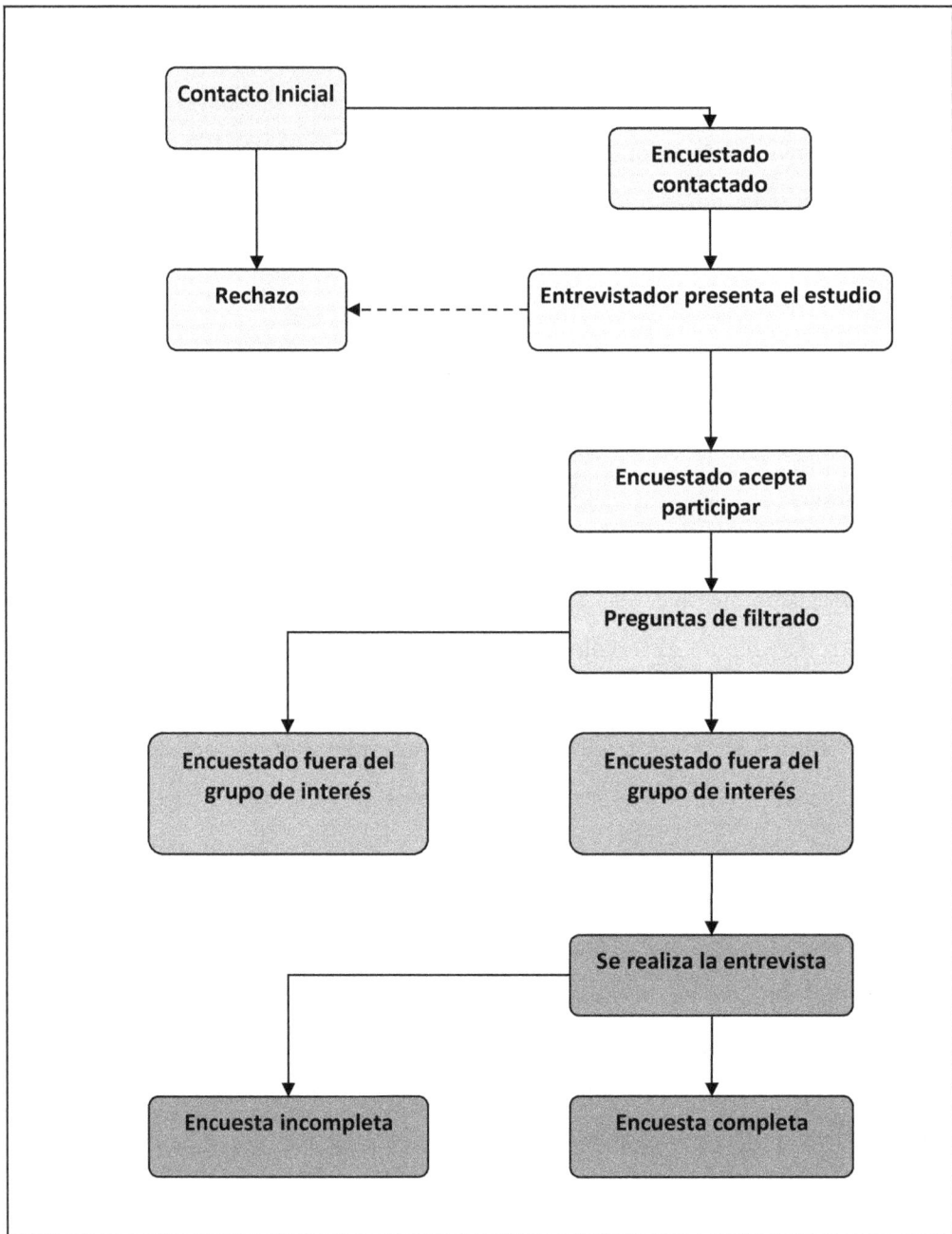

Figura 3-1: Proceso encuesta entrevista personal

Las entrevistas personales históricamente han ido utilizando una serie de elementos para mejorar la tasa de respuestas, dentro de los que se incluyen:

- Carta de contacto previo: Es enviada por el organismo realizador de la encuesta para legitimar y darle seriedad a la encuesta, por lo que es conveniente que venga apoyada con organismos públicos correspondientes. La idea es que la carta llegue con varios días de anticipación al día de realización de la encuesta.

- Entrevista previa: en esta entrevista el encuestador recopila información acerca del hogar incluyendo la composición familiar, los miembros del hogar, número y tipo de vehículos, entre otros aspectos. Además deja una libreta de viajes para cada miembro del hogar para un día específico determinado con anterioridad y que permita ayudar a los encuestados a recordar los viajes. Luego concreta una cita posterior al día de viajes.

- Entrevista principal: el encuestador vuelve al hogar después del día de viajes a entrevistar a cada miembro del hogar usando un cuestionario determinado para la ocasión, que pueda potenciar la información de la libreta de notas de cada miembro del hogar.

- Validación: para minimizar la no respuesta se realiza un seguimiento personal o telefónico de un porcentaje de los hogares que no respondieron y por otra parte un seguimiento de un porcentaje de los hogares no-contactados. Por último es recomendable realizar una verificación telefónica de las respuestas para un pequeño porcentaje de los hogares encuestados con el fin de determinar el desempeño de los encuestadores.

Las ventajas de una encuesta con entrevista personal son las siguientes:

- Se pueden obtener tasas de respuesta altas, del orden del 75% al 85%, minimizando así el sesgo de no-respuesta.

- La presencia de un encuestador significa que se pueden dar explicaciones en cuanto al significado de las preguntas o la forma apropiada de respuesta, lo que ayuda a los encuestados a entender el nivel de detalle requerido para el registro de viajes y actividades.

- Las encuestas pueden ser llevadas a cabo en períodos de tiempo en general cortos.

- Es valiosa cuando se desea obtener respuestas espontáneas de un individuo. Por esto mismo, son especialmente apropiadas para sondeos de actitudes y comportamiento.
- Permite gran flexibilidad en cuanto al tipo de información recolectada. Comportamiento, opiniones, respuestas abiertas y otros tipos de información no-cuantitativa son mucho más fáciles de obtener.
- El interés del encuestado y la manera en que las preguntas (especialmente las de actitud) son respondidas, permiten al encuestador hacer una buena apreciación de la validez de las respuestas registradas.
- Como muchas encuestas pueden ser bastante largas, un encuestador eficiente mantendrá el interés del encuestado, garantizando así que el conjunto completo de preguntas sea contestado.
- Se pueden usar ayudas visuales para los encuestados.
- Se pueden combinar fácilmente con encuestas de auto-llenado.

Pero pese a sus ventajas, presenta algunas desventajas tales como:

- Son relativamente costosas debido al uso intensivo de personal. Una comparación de costes entre distintos tipos de entrevista aparece en Ampt y Richardson, 1994 y muestra que los costes de entrevistas personales (para una encuesta de viaje de dos días) fueron de alrededor de US$70 por hogar, mientras que los costos de auto-llenado alcanzaron solamente los US$40 por hogar. Cabe señalar, sin embargo, que los costos comparables por cada hogar que respondió, alcanzaron US$4,25 y US$4,661 respectivamente.
- Con el objeto de reducir los gastos de viaje y tiempos muertos del entrevistador, muchas encuestas personales realizadas en hogares usan como sistema el agrupar hogares sobre una base geográfica. Sin embargo, esto hace que "el tamaño muestral efectivo" sea menor (porque se reduce su representatividad) reduciendo así la exactitud de las estimaciones a partir de esos datos.

- La entrevista personal es básicamente una interacción humana entre un entrevistador y un entrevistado. Tales interacciones son rara vez completamente neutrales. La interacción resultante (a menudo denominada sesgo del entrevistador) puede afectar a cada participante (y a los datos recolectados) de varias maneras.
- No son adecuadas para situaciones donde las preguntas requieren una respuesta bien pensada, o donde la información concreta que se requiere no está disponible inmediatamente.
- Requieren de mayores esfuerzos en términos de desarrollo y trabajo de campo.

Un complemento a las entrevistas personales es la utilización de un computador portátil ya que hoy en día al tener gran capacidad de almacenar información puede constituir una herramienta útil para codificar los datos inmediatamente, geocodificar los orígenes y destinos en línea y usar otros métodos para manejar la información. La principal desventaja es que los costes aumentan considerablemente y es necesaria una prueba inicial del funcionamiento de los equipos.

En la Tabla 3-2 se resumen las principales ventajas y desventajas.

Ventajas	Desventajas
Altas tasas de respuestas	Altos costes
Se pueden explicar las preguntas de ser necesario	Interacción con los encuestado puede sesgar algunas respuestas
Se pueden obtener respuestas espontáneas	No son adecuadas cuando se necesitan respuestas bien pensadas
Permite flexibilidad en la información recolectada	Mayores esfuerzos en términos de desarrollo y trabajo de campo
El encuestador puede mantener el interés del encuestado	-

Tabla 3-2: Ventajas y desventajas entrevista personal

3.2   Encuestas auto-llenado

Las encuestas con cuestionarios de auto-llenado son una de las formas más utilizadas en estudios de transporte. Se definen como encuestas de auto-llenado aquellas en que los entrevistados completan un formulario sin la asistencia de un entrevistador.

El formato y la redacción del cuestionario deben ser muy simples y claros. Las definiciones deben ser claras y fáciles de comprender para la población en estudio, ya que no hay un encuestador disponible para clarificar la intención de las preguntas.

Hay varios tipos básicos de formatos de encuesta, dependiendo de los métodos utilizados para la recolección y distribución de los formularios. Entre estas se destacan:

- Distribución y retorno de encuestas por correo: Esta es la forma más básica de encuesta de auto-llenado y la que se emplea regularmente. El cuestionario se envía por correo y se solicita a los participantes que lo devuelvan por correo una vez que hayan respondido las preguntas. El franqueo postal se pre-paga, pero el método preciso a través del cual esto se hace puede afectar la tasa de respuesta. Si bien la tasa de respuesta en general es baja, se puede mejorar enviando cartas recordatorias, que consisten en:
    - Carta de presentación o contacto preliminar: donde se explica el ámbito del estudio, como fue seleccionado el hogar, así como toda la información de la encuesta.
    - Primer envió: en este correo se incluye carta de información, formularios para el hogar, para sus miembros y formularios de viajes, incluyendo uno con un ejemplo para ejemplificar el llenado.
    - Primer recordatorio: carta de agradecimiento para aquellos hogares que devolvieron la encuesta. En el caso de los hogares que aun no responden, una carta insistiendo la importancia de la participación y del estudio, y en la que se asigna un nuevo día de viajes.

- o Segundo recordatorio: nuevamente se envía una carta proponiendo una nueva fecha para los hogares que no han devuelto el formulario.

- o Tercer recordatorio: tiene todos los ítems del primer envió y se asigna una nueva fecha de viajes.

- o Cuarto recordatorio: una nueva carta, en lo posible de otro color para conseguir que la gente la lea.

- Entrega por mano/retorno por correo: Cuando se sospeche que las tasas de respuesta puedan ser muy bajas, o que los encuestados puedan necesitar ayuda para completar el formulario, puede ser oportuno proceder a una entrega personal de la encuesta. De esta manera, se puede explicar su propósito, cualquier duda puede ser contestada inmediatamente, y se pueden dar instrucciones sobre el llenado del formulario. Este tipo de contacto personal generalmente incrementará la tasa de respuesta y también mejorará la calidad de las respuestas. Para tener un efecto positivo en la tasa de respuesta se requiere que el encuestador visite al menos hasta cuatro veces el hogar para establecer contacto, de no ser así, pueden dejar una carta detallada que contenga los formularios. Si los formularios no han sido devueltos se pueden mandar cartas recordatorias para conseguir aumentar la tasa de respuesta.

- Entrega y recuperación personal: Además de entregar el formulario por mano, también es posible recuperarlo personalmente en una fecha posterior. Esto aumenta aún más la tasa de respuesta, puesto que presiona algo al encuestado a completar el cuestionario antes de que vuelva el recolector. También le permite a este último resolver cualquier problema específico que el encuestado haya tenido al llenar el formulario. Sin embargo, el aumento de respuestas requiere considerables costes suplementarios debido a la entrega y recuperación personalizada de los cuestionarios. Este método es frecuentemente usado cuando se distribuyen diarios "a largo plazo" (por ejemplo diarios de viajes de siete días; como en el caso de la Encuesta Nacional de Viajes en Inglaterra). Es necesario, de todas formas, una carta previa para explicar el estudio y anunciar la visita del personal, posteriormente una vez visitado el hogar, se envía un nuevo correo anunciando y recordando una visita posterior al día de viajes designado, con el fin de recoger los formularios y resolver las dudas surgidas. Si no es posible recoger los formularios de todos los miembros del hogar se puede concertar una nueva cita, asignando una nueva fecha de día de viajes.

El proceso general de las encuestas de auto-llenado se resume en la Figura 3-2.

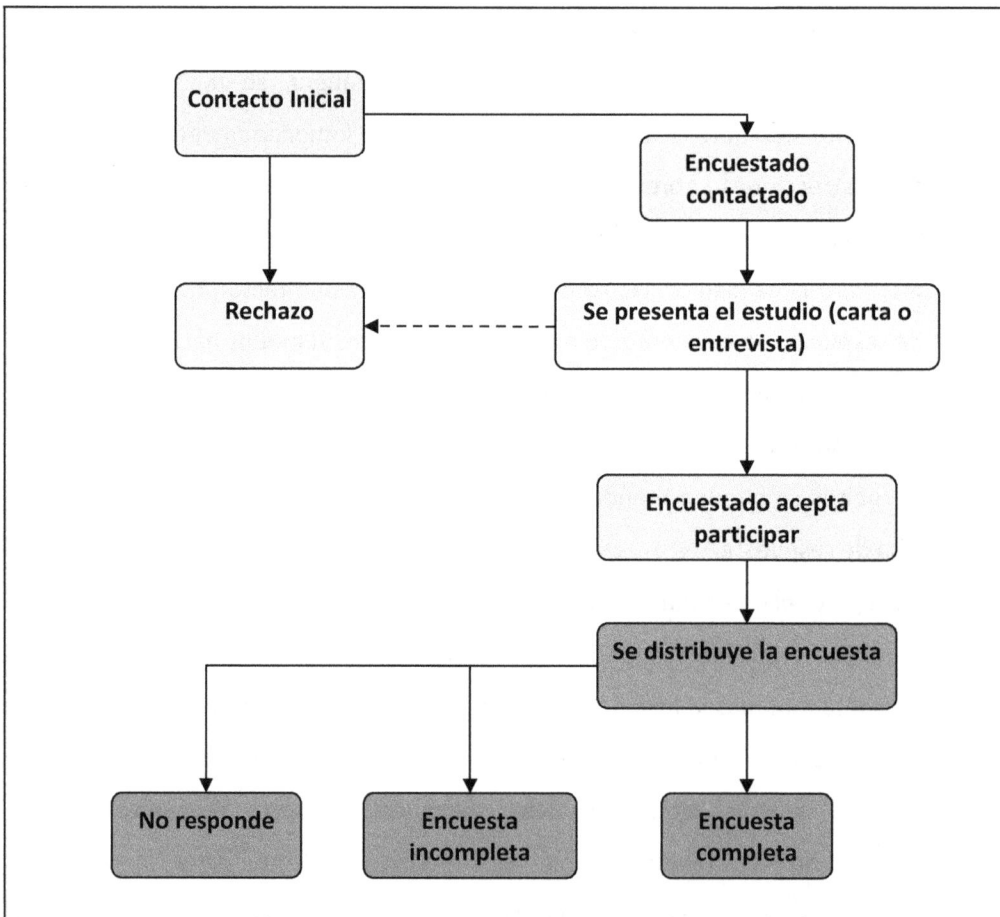

Figura 3-2: Proceso encuesta auto-llenado

Las principales ventajas de estos tipos de encuesta son:

- En general son menos costosas que una encuesta comparable de entrevista personal, generalmente mandar un correo a zonas de una misma ciudad cuesta lo mismo, no así mandar un entrevistador, el problema es que el correo tarda más en llegar.

- Es posible alcanzar una vasta cobertura geográfica en la muestra, dado los menores costes.

- Se elimina el eventual sesgo en la respuesta.

- El encuestado tiene más tiempo para estudiar las preguntas antes de producir una respuesta y de este modo es posible obtener respuestas mejor pensadas en las encuestas de auto-llenado. El encuestado puede también consultar documentos, de ser necesario, para contestar concretamente una pregunta, por ejemplo en lo relativo a los viajes realizados.

- Se pueden obtener respuestas más completas ya que el encuestado puede tomarse el tiempo necesario para contestar.

- Se necesita menos tiempo de contacto para realizar la encuesta, por lo que es bueno para encuestar a personas ocupadas.

Sin embargo este tipo de encuestas presenta desventajas tales como:

- En general se obtiene una baja tasa de respuestas, entre el 20% y el 50%, lo que puede implicar graves sesgos en los datos. Aunque con un diseño adecuado en Australia (con cartas recordatorias, entre otras cosas) han conseguido tasas del 75%. Una de las formas más efectivas de mejorar las tasas de respuestas es enviando cartas recordatorias, pero por contrapartida puede encarecer la encuesta y hacer que se salga del presupuesto original.

- El ahorro de las encuestas de auto-llenado puede ser más bajo de lo pensado, principalmente porque en este tipo de encuestas la tasa de respuesta es baja, por lo que el coste por encuesta recibida puede ser más alto teniendo en cuenta lo anterior.

- Es difícil garantizar que el cuestionario sea contestado por la persona correcta, ya que aunque sea dirigido personalmente al individuo a encuestar, no hay garantía, ni forma de verificar, quien respondió la encuesta. Por lo tanto, es vital incorporar medidas de validación que indiquen si ha habido respuestas por terceras personas.

- El tiempo y esfuerzo que se debe asignar al diseño del cuestionario puede ser alto, debido a que la encuesta debe ser lo más clara y entendible posible, ya que no habrá un encuestador cerca para responder posibles dudas del cuestionario.

- Las respuestas a encuestas de auto-llenado tienden a ser sesgadas hacia sectores más educados de la población, los que tienden a viajar en formas distintas al resto de la gente. Esto significa que se requieren procedimientos de seguimiento rigurosos para quienes no responden a fin de asegurar una adecuada ponderación posterior de los datos.

- En general, es recomendable realizar solamente preguntas simples de una fase, ya que al no contar con entrevistador, es difícil guiar a los entrevistados en el caso de preguntas encadenadas, que dependan de las anteriores.

- Las respuestas en el formulario deben aceptarse como el producto final, ya que no es posible sondear más allá para clarificar respuestas poco claras o ambiguas, por lo que es fundamental planificar métodos de seguimiento de los encuestados, por ejemplo pidiendo el número de teléfono por si es necesario aclarar algo.

- No se pueden obtener respuestas espontáneas, ya que el encuestado tiene la posibilidad de pensar y discutir la respuesta con terceros. Es por eso que estas encuestas no son adecuadas para medir aspectos de comportamientos.

- Las respuestas a las preguntas no se pueden tratar como independientes ya que los encuestados tienen la oportunidad de revisar la lista completa antes de responder cualquiera de ellas. Por este motivo, no se pueden usar chequeos cruzados triviales en forma efectiva.

Para validar este tipo de encuestas se pueden utilizar los siguientes sistemas:

- Entrevistas telefónicas: se llama al hogar para comprobar o corroborar alguna respuesta en el caso de dudas, además permite verificar si la persona en cuestión contesto la encuesta o lo hizo una tercera persona.

- Entrevistas personales: a un porcentaje de los hogares que respondieron se les hace una visita para entrevistarlo personalmente y de esta forma mantener un control de calidad de la información entregada y detectar posibles respuestas de terceras personas.

En la Tabla 3-3 se resumen las principales ventajas y desventajas.

Ventajas	Desventajas
Menos costes que entrevista personal	Tasa de respuestas menores
Se elimina el sesgo en las respuestas	Se requieren diseños de encuestas sofisticados
Se pueden obtener respuestas más completas y mejor pensada	No se pueden clarificar posibles respuestas ambiguas
Se pueden usar ayudas visuales	No se pueden obtener respuestas espontáneas

Tabla 3-3: Ventajas y desventajas encuesta auto-llenado

3.3 Encuestas telefónicas

En los años 70 y 80 hubo un gran crecimiento de entrevistas telefónicas. Generalmente en el caso de este tipo de encuestas se instalan locales de llamados, para tener una mejor supervisión del encuestador y un control de la encuesta.

Las encuestas telefónicas son útiles en consultas surgidas del seguimiento en encuestas de auto-llenado o de entrevistas personales, o bien en encuestas con propósitos comerciales o de negocios. En general no son útiles en encuestas en las cuales todos los miembros del hogar deban ser entrevistados, ni para recolectar datos de viajes donde el hogar no haya sido contactado por carta o personalmente, además se requieren muchas llamadas para obtener cierto número de encuestas logradas, por ejemplo en la encuesta realizada en Montreal en 1998 se necesitaron

400.000 llamadas telefónicas para lograr 78.000 encuestas validas en un periodo de 96 días (ver Chapleau R. ,2003).

El método de encuesta telefónica tiene una serie de ventajas, entre las cuales se destaca:

- Ofrece la posibilidad de una vasta cobertura geográfica a un coste bajo, ya que en general el coste por llamada no varía con la distancia en una zona urbana dada, a diferencia de la entrevista personal. Por otra parte si se compara con correo postal, quizás puede ser un poco más caro, pero no tiene la desventaja de tener que esperar a que llegue el correo y se puede obtener un contacto inmediato.
- Como generalmente se hacen desde una ubicación central, es posible llevar a cabo una mejor supervisión de los entrevistadores, con el fin de mantener un nivel más alto de control de calidad de las entrevistas.
- Al centralizar la oficina de entrevistas, es posible utilizar Entrevistas Telefónicas Asistidas por Computador (CATI en inglés). En esta modalidad, el entrevistador lee las preguntas de la pantalla del computador y digita las respuestas directamente a medida que las recibe en el teléfono. Esto permite una validación rápida de respuestas.
- El uso del teléfono es ideal para validar y clarificar las respuestas que la gente ha dado en encuestas de auto-llenado a un coste bajo. Así se puede llamar al encuestado si es que se tiene alguna duda acerca de alguna respuesta, o se quiere clarificar algún ítem.
- En países donde se hablan varios idiomas se puede subsanar este hecho, teniendo en la central encuestadores multilingües.

En tanto las encuestas telefónicas presentan una serie de desventajas:

- Hay un límite a la extensión que puede tener la encuesta, ya que después de muchos minutos la atención del encuestado decrece. En general la tasa de respuesta decae después de los 10 minutos de entrevista.

- El número de personas en un hogar con las cuales es posible llevar a cabo la entrevista está casi siempre limitado a sólo una, ya que es difícil que otra persona del hogar esté dispuesta a participar y la entrevista a terceras personas no es recomendable.

- Las tasas de respuesta son bajas (menores a 20%).

- Como sólo aquellos hogares con teléfono pueden ser incluidos en una encuesta telefónica, hay un sesgo potencial en el muestreo. Ciertamente se ha demostrado que las personas que no tienen teléfono y aquellos con teléfonos que no salen en la Guía telefónica, pertenecen a grupos socio-demográficos distintos de aquellos que sí poseen teléfono.

- Se tiende a confundir la encuesta con publicidad telefónica, perdiendo credibilidad ya desde el inicio de la llamada, lo que hace difícil continuar la entrevista.

- Generalmente se usa la guía de teléfono para seleccionar la muestra. Además del problema de números que no aparecen en la guía, existe el problema de números que ya no están operando o que pertenecen a otras personas, lo que hace más incierto el diseño de la muestra.

- A diferencia de otros tipos de encuesta, no existen posibilidades de seguimiento para los que no-responden una encuesta telefónica. Ya que si el encuestado se niega a participar, es difícil poder imputar ponderaciones y corregir estos sesgos.

- No se puede utilizar material de apoyo para ayudar a los encuestados a responder el cuestionario.

En la Tabla 3-4 se resumen las principales ventajas y desventajas de las encuestas telefónicas.

Ventajas	Desventajas
Menos costes que entrevista personal	Tasa de respuestas menores
Se pueden resolver dudas de los encuestados	La encuesta debe tener un límite de tiempo relativamente bajo
Cuando están centralizadas hay una mejor supervisión	Sesgo de muestreo (sólo se entrevistan hogares con teléfono)
Se pueden realizar las entrevistas asistidas por computador	No se puede utilizar material de apoyo

Tabla 3-4: Ventajas y desventajas entrevista telefónica

3.4   Comparación de métodos

En la práctica estos métodos generalmente se usan en combinación de otros con el fin de captar las ventajas de los otros y disminuir las desventajas del propio, por lo que los métodos a usar dependerán de los objetivos del estudio.

En la siguiente tabla se muestra un ranking de los distintos métodos de encuesta, donde 5 es lo superior (por ejemplo más costes, mayor tasa de respuesta, etc.), 3 es un término intermedio y 1 es lo inferior.

Criterio	Entrevista Personal	Auto llenado distribución y retorno por correo	Auto llenado entrega por mano y retorno por correo	Auto llenado entrega por mano y recuperación personal	Encuesta telefónica
Tasa de respuesta	5	1	4	4	1
Costes	5	1	3	3	2
Exactitud de respuestas	5	1	3	3	2
Facilidad de manejo	5	5	3	3	3
Conveniencia a Largo Plazo	2	4	3	3	3

Tabla 3-5: Cuadro comparativo de encuestas

---

4. Diseño y tamaño muestral

Como se ha mencionado anteriormente, en general, el objetivo principal de recolectar información de los individuos y de viajes es obtener datos suficientes para estimar los parámetros que son usados en los modelos de planificación de transporte. Por lo tanto el diseño muestral ha de estar encaminado a asegurar que los datos que se van a obtener, ofrecen la mayor cantidad de información útil sobre la población de interés, al menor coste posible, y tratando de reducir los errores de muestreo y los errores de sesgo muestral, la combinación de los mismos contribuye al error de medición de los datos.

Los errores de muestreo consisten en aquellos producidos por qué no se incluyen todos los miembros de la población en la muestra, y por lo tanto siempre estará presente debido a efectos aleatorios. Este tipo de error no afecta a los valores expandidos de las medias de los parámetros estimados, solamente afecta a la variabilidad en torno a las medias, determinando así el grado de confianza que puede asociarse a las mismas. Básicamente es función del tamaño muestral y de la variabilidad intrínseca de los parámetros a investigar.

El sesgo muestral, por otra parte, se produce por errores cometidos bien al definir la población de interés o bien al seleccionar el método de muestreo, la técnica de toma de datos o cualquier otra parte del proceso. Se diferencia del error muestral en dos aspectos importantes:

- Puede afectar no sólo a la variabilidad en torno a la media de los parámetros estimados sino también a los mismos valores. Por ello puede ocasionar una distorsión más grave de los resultados de la encuesta.

- Mientras que el error muestral no puede ser evitado (solamente puede reducirse incrementando el tamaño de la muestra), el sesgo puede eliminarse en la práctica tomando especiales precauciones durante las distintas fases del diseño muestral y la toma de datos.

Normalmente los datos consisten en una muestra de observaciones tomadas de una cierta población de interés, la cual no es económicamente (o quizás incluso técnicamente) susceptible de ser observada en su integridad. Estas observaciones se realizan sobre uno o más atributos de la población (por ejemplo el Ingreso) y permiten después realizar inferencias sobre el valor medio de estos atributos, a menudo llamados parámetros de la población. El diseño muestral ha de estar encaminado a asegurar que los datos que se van a obtener, ofrecen la mayor cantidad de información útil sobre la población de interés, al menor coste posible. El resto del problema consiste en cómo utilizar dichos datos (por ejemplo expandir los valores de la muestra) para realizar inferencias correctas sobre la población. Se presentan entonces dos dificultades:

- cómo asegurar que la muestra sea representativa.
- cómo extraer conclusiones válidas de una muestra que satisfaga la condición anterior.

Ninguna de estas dificultades constituye un problema si no hubiera variabilidad en la población. Para resolver la segunda dificultad (extracción de conclusiones válidas) existe un procedimiento perfectamente establecido que no presenta graves problemas si se mantienen ciertas hipótesis y condiciones. La identificación de una muestra representativa puede suponer una tarea más delicada en ciertos casos, como se verá a continuación.

En términos generales el diseño de la muestra será un proceso iterativo donde se consideran a veces los múltiples objetivos de la encuesta, sujetos a restricciones presupuestarias y limitaciones de información disponible de las variables de interés.

De todas formas es importante identificar las partes involucradas en el proceso de diseño de la muestra (Cambridge Systematics,1996):

- *Información que debe ser recolectada*: para que sirva de entrada a los distintos modelos de transporte y para toma de decisiones correctas.

- *Población de estudio*: por la cual se necesita recolectar la información y entender sus patrones de flujo. La población de interés se compone de elementos individuales

- *Marco muestral*: que corresponde a una lista de miembros de la población de estudio desde donde se obtendrán la información.

- *Unidad muestral*: necesitada para obtener la información a un nivel de detalle requerido para los propósitos de análisis. No son equivalentes a los elementos individuales, ya que la agregación de éstos últimos se considera a menudo necesaria. Por ejemplo, una unidad muestral utilizada con frecuencia es la unidad familiar (el hogar), mientras que los elementos de interés son los individuos que la componen.

- *Restricciones*: ya sean de presupuesto, tiempo, físicas, etc. Tendrán impactos en los métodos de encuesta y muestreo.

- *Tamaño de la muestra*: que será requerido para medir las características socio-demográficas y el comportamiento de viajes, con el fin de proveer información adecuada a los distintos modelos.

Considerando lo anterior, se pueden distinguir los siguientes puntos clave en el diseño muestral:

- ***Identificar los objetivos y restricciones principales de la encuesta***: El diseño muestral debe estar determinado por los diversos objetivos de la encuesta. Por lo tanto, la metodología de muestreo, el marco muestral, la muestra y los distintos elementos estarán enfocados en los componentes y variables críticas más usadas en cada etapa de la modelización. Pero los recursos disponibles para la realización y desarrollo de la encuesta, sobre todo los de presupuesto, hacen que se dedique menos esfuerzos a la tarea de un diseño muestral adecuado. Además como la información recolectada se usara para un número no menor de modelos (por ejemplo, modelo de generación de viajes, distribución, partición modal, asignación, elección de hora, etc.), es difícil identificar un conjunto limitado de medidas para desarrollar un diseño de muestreo adecuado.

- ***Identificar las variables de interés más importantes y si nivel precisión***: Para esto es importante tener definidos claramente los objetivos de la encuesta, y así crear una lista de variables consideradas críticas para el análisis. Por ejemplo, si se realiza una encuesta para desarrollar modelos de generación de viajes, se necesitara un nivel de precisión adecuado para las variables que reflejen los patrones de flujo de los distintos hogares o individuos, como pueden ser el número de viajes diarios, la tasa de viajes por cada miembro del hogar, el motivo de los viajes, etc. Y por lo tanto la encuesta deberá centrarse en las características socioeconómicas como tamaño del hogar, número de trabajadores en el hogar, tasa de motorización, ingreso, entre otras.

- ***Identificar la población de estudio, el marco muestral y la unidad muestral***: con la población de estudio se identifica primeramente quienes serán elegidos para obtener posteriormente la información que permita conseguir los objetivos del estudio. Una vez definido, el marco muestral proveerá la manera en que cada miembro de la población será escogido para ser encuestado, considerando la limitante de que muchas veces se requieren diversas fuentes para tener una lista de todas las unidades de la muestra, por lo que habrá que tener cuidado para no tener entradas duplicadas. Aunque hay varias alternativas, el marco muestral de hogares es normalmente el más simple. Si la información censal está actualizada, se dispone entonces de una base de datos ideal sobre todas las viviendas; alternativamente podría utilizarse el correspondiente listado de direcciones del área entera (llevada a cabo por otras razones, por ejemplo por una compañía de suministro de servicios o por anteriores investigaciones o encuestas ya realizadas), a condición de que estén al día. Por otra parte, escoger un marco muestral para los viajes de los noresidentes es más complicado, por lo que es recomendable sean conformadas de la siguiente forma:

- o Conseguir una lista de las moradas no-privadas y seleccionar una muestra (posiblemente estratificada por tamaño o por tipo de huésped o visitante).

- o Obtener una lista de los puntos de intercambio de los diferentes modos de transporte que representen el probable punto de llegada y salida del área metropolitana (por ejemplo, aeropuertos, estaciones ferroviarias, estaciones de autobuses de largo recorrido). Idealmente ello proporcionará, por cada punto de interceptación, un muestreo de viajes (una muestra de viajes), aunque en algunos casos sólo será necesario realizar una muestra de tales puntos.

- o Localizar y conformar una lista con todos los puntos que sean cruces de carreteras o viales en el cordón externo al área. Entonces y tal y como sucede en el caso de los intercambiadores modales, idealmente deberán incluirse todos los cruces, que, en algunos casos, también será necesario muestrearlos.

Por último, la unidad muestral deberá ser identificada a partir de la información que se necesita y su nivel de detalle, ya que por ejemplo, para un estudio enfocado en el transporte privado, la unidad muestral puede ser los usuarios de vehículos motorizados, en cambio para estudios de planificación, la unidad deberá ser el hogar.

- • ***Identificar la información disponible de las variables de interés***: el cálculo del tamaño muestral puede realizarse a partir de las distintas variables de la cual cierto nivel de precisión es requerida, conocidas su media y variación. Como un trabajo previo, es posible identificar distintas fuentes disponibles que entregan información para esas variables, entre las cuales se pueden incluir:

  - o Encuestas domiciliarias y de viajes recientes realizadas en la misma área de estudio.

  - o Otras encuestas realizadas en el área de estudio que entreguen información relevante.

o Censos.

o Otros.

- ***Identificar el método de muestreo adecuado***: el método escogido dependerá fundamentalmente de los objetivos requeridos y estará relacionado con la población de estudio, el tamaño muestral, la unidad muestral, la información disponible, y la distribución de las variables de interés en la población. En general, estos se pueden clasificar en probabilísticas y no probabilísticas. Entre los primeros se incluyen los ya descritos:

  o Muestreo aleatorio simple.

  o Muestreo estratificado.

  o Muestreo basado en la elección.

  o Muestreo en grupos.

  o Muestra sistemático.

Entre los métodos no probabilísticos se incluyen:

  o Muestreo por conveniencias: como por ejemplo realizar una encuesta en un edificio de oficinas determinado.

  o Muestreo por juicio: por ejemplo realización de una encuesta a los propietarios de vehículos de una área suburbana de altos ingresos.

  o Muestreo por cantidad: por ejemplo encuestar a 50 hogares de una zona determinada, sin considerar otros aspectos como por ejemplo la densidad de hogares en el área.

- ***Determinar el tamaño muestral requerido***: para esto será necesario conocer entre otras cosas la media y la varianza de las distintas variables de interés requeridas para lograr los objetivos del estudio. Desafortunadamente no hay métodos objetivos ni directos para el cálculo del tamaño de la muestra en cada situación. Esto ocurre porque muchos de las entradas son inciertas y relativamente subjetivas, a pesar del hecho de que los cálculos de la dimensión de la muestra se basan en precisas fórmulas estadísticas. Por ello se debe obtener el tamaño de la muestra después de cuidadosas consideraciones sobre el problema.

- **_Determinar los recursos necesarios para conseguir dicha muestra_**: del punto anterior se obtendrá más que un tamaño muestral, un rango de tamaños muestrales que serán necesarios para obtener un determinado nivel de confianza y grado de precisión para las variables de interés. Pero lo más probable es que los costes para conseguir dicho tamaño muestral exceda el presupuesto del proyecto, por lo que habrá que llegar a un equilibrio entre los costes y la precisión y calidad de la información obtenida, pues una muestra demasiado grande puede implicar una toma de datos y un proceso de análisis demasiado caros dados los objetivos del estudio y el grado de precisión requerido, pero una muestra demasiado pequeña puede implicar resultados sujetos a un grado de variabilidad inaceptable, reduciendo el valor de toda la encuesta. Entre estos dos extremos se encuentra el tamaño de muestra más eficiente (en términos de coste) para los objetivos de un estudio concreto.

A partir de ahora se supone que dicho objetivo consiste en la estimación de ciertos parámetros de la población mediante estadísticos calculados a partir de los datos de la muestra. Como los estadísticos a partir de muestras están sujetos al error de muestreo, es también necesario incluir una estimación de la precisión que puede ser asociada a cada valor de cada estadístico.

4.1   Métodos de muestreo

La selección del método de muestreo estará relacionado con los distintos objetivos de la encuesta, la población de interés, el marco muestral, la unidad muestral, el nivel de precisión deseado, el nivel de confianza y el tamaño de la muestra. Como se mencionó anteriormente existen diversos métodos, entre los probabilísticos están el muestreo aleatorio, estratificado, basado en la elección, por grupo y sistemático (Cambridge Systematics, 1996). A continuación se describe cada uno de ellos.

4.1.1   Método de muestreo aleatorio

El método de muestreo aleatorio es la mejor forma de seleccionar una muestra, ya que se obtiene una muestra insesgada y representativa de la población de estudio. Consiste en seleccionar de forma aleatoria una unidad de muestra dentro del marco muestral. Las ventajas de este método son:

- Si la muestra es verdaderamente aleatoria, la encuesta será insesgada y por lo tanto no requerirá de ponderaciones posteriores para eliminar el sesgo.
- Potencialmente cualquier hogar o individuo es candidato a ser escogido. En el caso del muestreo estratificado el encuestado debe pertenecer primero al estrato determinado, es decir, hay que hacer una preselección.
- Es más barato que otros métodos, ya que por ejemplo no hay que preseleccionar los estratos con anterioridad. Además, el desarrollo del plan de muestreo requiere de menos recursos.
- Es fácil de entender y es aceptada por la mayoría de los planificadores.

Pero el inconveniente es que a veces algunos segmentos de estudio en la población de interés pueden quedar mal representados con un muestreo aleatorio, por lo que se necesitan otros métodos como el muestreo estratificado o el basado en elección.

4.1.2   Método de muestreo estratificado

Este método es útil sobre todo cuando se necesita estudiar a un grupo determinado de la población con un mayor detalle y grado de precisión o cuando se necesitan obtener grupos de observaciones homogéneas y representativas.

Este método permite identificar y recolectar información de segmentos específicos de la población de estudio, además permite diferenciar cada estrato y reducir el error dentro de cada uno. Se puede usar para reducir la cantidad de información a recolectar ya que se puede segmentar la población en estratos homogéneos.

Para definir cada estrato se puede utilizar diversas fuentes de información, como por ejemplo:

- Límites geográficos, agrupando municipios.
- Características de tráfico en el área de estudio como por ejemplo zonas de alta o baja densidad, o áreas con buen o mal nivel de servicio de transporte.
- Características socioeconómicas de la población de estudio, tales como posesión de automóvil de los hogares, nivel de ingreso, tamaño familiar, entre otras.

Una vez seleccionados los estratos, dentro de cada uno se aplica el método de muestreo aleatorio para conseguir la muestra correspondiente a cada estrato.

La estratificación dependerá de todas formas de los objetivos del estudio, las dos formas más comunes de estratificar en las encuestas de viajes son por límites geográficos y por características socio-demográficas. La primera puede hacerse simplemente basándose en los límites censales del área de estudio o el uso de suelo, y se usa principalmente cuando se requiere datos agregados de viajes, por ejemplo viajes por municipios. En el caso de estratificación por características socio-demográficas, la información se usa generalmente para modelos de generación de viajes, y los estratos se conforman cruzando la información, por ejemplo tamaño del hogar versus posesión de coche.

4.1.3   Método de muestreo basado en la elección

Este método permite obtener una muestra significativa cuando se desea información de individuos pertenecientes a un grupo que tiene una baja cuota dentro del mercado objetivo (por ejemplo usuarios de bicicletas en ciudades grandes). En este caso aquellos individuos que corresponden a ese grupo de mercado son caracterizados por su elección, que conforma la base del muestreo. El uso más común para usar un muestreo basado en elección es para la recolección de información de usuarios de transporte en áreas de baja densidad de servicios de transporte, usuarios de bicicletas, usuarios de bus interurbanos.

Incluso usando un muestreo estratificado es posible obtener una baja representatividad para algunos grupos de interés, lo que hace difícil estimar su comportamiento y por lo tanto son excluidos de la modelización. El uso más común de la información recolectada con el método basado en la elección es para el desarrollo de nuevos modelos de elección de modo.

Este tipo de muestreo ofrece una metodología para aumentar la muestra ya existente usando un muestreo estratificado o un muestreo aleatorio, particularmente se puede interceptar un segmento sub-representado realizando un número de encuestas determinadas, por ejemplo, encuestando a ciclistas previamente seleccionados usando información de asociaciones, la encuesta no tiene por qué ser distinta a la realizada a la muestra seleccionada con los métodos anteriores. El problema radica posteriormente en los factores de expansión a utilizar, ya que hay que ser muy cuidadoso para no introducir posibles sesgos.

4.1.4   Método de muestreo en grupos

El muestreo en grupos es un método multi-etapa. En la primera etapa la unidad muestral serán los grupos seleccionados dentro de la encuesta y en la segunda etapa todas las unidades dentro de cada grupo pueden incluirse en la muestra. Dentro de cada grupo el muestreo debe realizarse en forma aleatoria.

Un ejemplo de muestreo en grupos sucede en las encuestas en lugares de trabajo, en una primera etapa se seleccionan lugares de trabajo dentro del área de estudio susceptibles de ser encuestados y en una segunda etapa se encuesta a los empleados, clientes, y otros dentro de cada lugar de trabajo.

Este método debe escogerse en la medida en que se desea aplicar un método de recolección de datos específicos o una encuesta específica y no en relación a obtener información acerca de comportamiento de viajes que la encuesta intenta recolectar. Para el ejemplo mencionado anteriormente el muestreo en grupos es la única opción práctica, pero para otras encuestas, como por ejemplo a hogares, puede no ser el método más adecuado.

4.1.5   Método de muestreo sistemático

En este caso la unidad muestral se selecciona basado en una secuencia separada por un determinado intervalo. Siempre que el orden del marco muestral sea insesgado, este método será equivalente al muestreo aleatorio simple.

Por ejemplo en encuestas de interceptación el encuestador puede seleccionar el primer vehículo de cada 5 vehículos que pasan por un punto determinado. De la misma forma en encuestas telefónicas se puede seleccionar el número enésimo de una determinada lista de números.

Suponiendo que el muestreo sistemático es aleatorio, es decir, se escoge en forma aleatoria el intervalo, la elección entre este método o el aleatorio simple dependerá de un punto de vista logístico, por ejemplo en encuestas de interceptación es más fácil encuestar con el método sistemático en vez de seleccionar la muestra con el método aleatorio simple.

4.2   Conceptualización del muestreo

Como se mencionó anteriormente, el objetivo principal de la toma de la muestra es recolectar información para calibrar los modelos usados en la planificación de transporte. Considerando por ejemplo la toma de muestra para calibrar un modelo de elección para toda la población, asumiendo que P corresponde a las características de la población y f a las características de la muestra (Lerman y Manski, 1979). También se supone que cada observación muestral puede describirse sobre la base de las dos siguientes variables:

i = elección observada al individuo encuestado (por ejemplo, ha tomado un autobús)
X = vector de características del individuo (edad, sexo, ingreso, posesión de vehículo) y de las alternativas de su conjunto de elección (tiempo andando, de espera y de viaje, coste)

Finalmente se supone que el proceso de elección subyacente en la población puede representarse mediante un modelo con parámetros θ. En este caso la distribución conjunta de i y X está dada por $P(i, X / \theta)$ y la probabilidad de elegir la alternativa i entre el conjunto de opciones con atributos X es $P(i / X, \theta)$

Dependiendo de la forma con la que se extraiga cada observación, la muestra tendrá su propia distribución conjunta de i y de X que puede escribirse como $f(i, X / \theta)$. Sobre la base de esta notación el problema de muestreo puede formalizarse como sigue (Lerman y Manski, 1979).

4.2.1 Muestreo aleatorio

En este caso la distribución de i y de X en la muestra y en la población debería ser idéntica, esto es:

$$f(i, X / \theta) = P(i, X / \theta) \tag{4.1}$$

4.2.2 Muestreo estratificado

En este caso la muestra no es aleatoria respecto a ciertas variables independientes del modelo de elección (por ejemplo una muestra con el 50 % de familias de ingreso bajo y el 50 % de familias con ingreso alto es estratificada solo si se toma una muestra aleatoria dentro de cada estrato). El proceso de muestreo se define mediante una función $f(X)$, que da la probabilidad de encontrar una observación con las características X. En el conjunto de la población esta probabilidad es $P(X)$. La distribución de i y X en la muestra viene dada por:

$$f(i, X / \theta) = f(X)P(i / X, \theta) \tag{4.2}$$

Es sencillo comprobar que una muestra aleatoria es un caso especial de muestra estratificada en la que $f(X) = P(X)$, ya que:

$$f(i, X / \theta) = P(X)P(i / X, \theta) = P(i, X / \theta) \tag{4.3}$$

4.2.3 Muestreo basado en elección

En este caso el procedimiento de muestreo se define mediante una función $f(i)$, que da la probabilidad de encontrar una observación que elige la opción i. Ahora, la distribución de i y X en la muestra viene dada por:

$$f(i, X / \theta) = f(i)P(X / i, \theta) \tag{4.4}$$

a partir del teorema de Bayes:

$$P(X / i, \theta) = \frac{P(i / X / \theta)}{P(i / \theta)} \tag{4.5}$$

La expresión del denominador puede obtenerse suponiendo valores discretos de X de la forma:

$$P(i / \theta) = \sum_X P(i / X, \theta)P(X) \tag{4.6}$$

Por tanto la expresión final de la probabilidad conjunta de i y X para una muestra basada en elección es:

$$f(i, X/\theta) = \frac{f(i)P(i/X,\theta)P(X)}{\sum_X P(i/X,\theta)P(X)} \tag{4.7}$$

y sirve para ilustrar no solamente que el muestreo basado en la elección es intuitivamente más problemático que los otros, sino también para constatar que posee un potencial de sesgo más alto precisamente en aquello que más importa: la elección.

De todo ello se puede señalar que cada método de muestreo conduce a una distribución diferente de métodos de elección y características de la muestra, y que no hay razones a priori para esperar que un único método de estimación de los parámetros sea aplicable en todos los casos.

4.3   Tamaño de la muestra

Las encuestas sobre viajes siempre están basadas en algunos tipos de muestreo. Sin embargo, aunque fuera posible entrevistar a todos los viajeros sobre un servicio específico en un día dado, sólo sería una muestra de los viajeros que realizan viajes en una semana dada, mes o año. El desafío a la hora de planificar una muestra es identificar las estrategias de muestreo y su tamaño muestral de forma que permitan alcanzar conclusiones razonables y modelos fiables y no distorsionados, sin gastar excesivos recursos en la adquisición de los datos. A menudo existe más de una manera de adquirir las informaciones más relevantes. Para algunos datos puede ser posible obtener informaciones ya sea a través de las encuestas domiciliarias, ya sea a través de encuestas de interceptación a los individuos. En estas situaciones lo más eficiente es utilizar el método que produzca datos más precisos y a más bajo coste.

Hoy en día, está comúnmente aceptado que, seleccionar el tamaño óptimo de la muestra, tal que pueda ser utilizada en todos los posibles campos en que sus datos puedan ser introducidos, es prácticamente imposible. El tamaño óptimo de la muestra normalmente está vinculado a su coste, y por tanto es necesario decidir cuáles son las variables más importantes a adquirir para que dicho coste no exceda del presupuesto a ella asignado. Ya que el uso final de los datos obtenidos en el muestreo es servir de entrada para los diferentes modelos y para las diferentes tipologías de análisis, no es posible definir una única salida final del dato introducido como más importante que otro. Por esta razón no es posible establecer un criterio natural de optimización del problema. Además, como los datos tienen múltiples usos y objetivos, y son utilizados varios tipos de instrumentos de muestreo, la tarea de optimizar el tamaño muestral es, no sólo impracticable sino sencillamente imposible.

El tamaño muestral depende básicamente de tres factores principales (Ortúzar y Willumsen, 2001): variabilidad de los parámetros en la población de estudio, grado de precisión requerido para cada uno de ellos y tamaño de la población. Sin duda son los dos primeros los más importantes. Esto puede resultar sorprendente a primera vista porque parece intuitivamente necesario muestras más amplias en poblaciones más grandes con objeto de mantener el grado de precisión de las estimaciones. Sin embargo, según se verá a continuación, el tamaño de la población no afecta significativamente al tamaño de la muestra, excepto en el caso de poblaciones muy pequeñas.

El Teorema Central del Límite, que es la base primordial del problema de estimación del tamaño muestral, postula que la estimación de la media de una muestra tiende a una distribución normal, a medida que el tamaño de la muestra (n) aumenta. Esto se cumple para cualquier distribución de población si n es mayor o igual a 30. El teorema se cumple incluso en el caso de muestras más pequeñas, si la población original tiene una distribución similar a la normal.

Considerando una población de tamaño N y una variable especifica con media μ y varianza σ^2. El teorema central del límite indica que la distribución de la media $\bar{x}$ de muestras sucesivas es una distribución normal con media μ y desviación estándar $se(\bar{x})$ conocida como el error estándar de la media, y viene dada por:

$$se(\overline{x}) = \sqrt{\frac{N-n}{N-1}\frac{\sigma^2}{n}} \tag{4.8}$$

Si solo se considera una muestra, la mejor estimación de μ es $\overline{x}$ y la mejor estimación de σ^2 es S^2 (la varianza de la muestra). En este caso el error estándar de la media puede estimarse como:

$$se(\overline{x}) = \sqrt{\frac{N-n}{N}\frac{S^2}{n}} \tag{4.9}$$

y, según se mencionó anteriormente, es función de tres factores: la variabilidad del parámetro (S^2), el tamaño de la muestra (*n*) y el tamaño de la población (N). Sin embargo para poblaciones grandes (N = grande) y tamaños de muestra pequeños (el caso más frecuente), el factor $(N-n)/N$ es muy próximo a 1 y la ecuación (4.9) se reduce a:

$$se(\overline{x}) = \frac{S}{\sqrt{n}} \tag{4.10}$$

De esta forma, aumentando cuatro veces el tamaño de la muestra únicamente se reduce a la mitad el error estándar, siendo un caso típico de disminución de los retornos de escala. El tamaño de la muestra necesaria puede ser estimado resolviendo la ecuación (4.9) para *n*. Normalmente es más sencillo realizarlo en dos pasos, primero calculando *n* de la ecuación (4.10) de la forma:

$$n' = \frac{S^2}{se(\overline{x})^2} \tag{4.11}$$

Calculado n' se corrige para tamaño de población finita mediante:

$$n = \frac{n'}{1 + \dfrac{n'}{N}} \qquad (4.12)$$

Aunque el procedimiento descrito parece ser objetivo y relativamente simple tiene dos inconvenientes importantes que debilitan su aplicación: la estimación de la varianza de la muestra S^2 y la elección de un error estándar aceptable para la media. El primero es obvio: S^2 solamente puede calcularse una vez que se ha tomado la muestra, por lo que ha de estimarse desde otras fuentes.

El segundo problema está relacionado con el grado de confianza que se desea asociar al uso de la media muestral como estimación de la media poblacional. La práctica habitual no específica un valor único del error estándar sino un intervalo alrededor de la media para un determinado nivel de confianza. Por tanto se necesitan dos hipótesis para calcular un error estándar aceptable:

- En primer lugar se debe elegir un nivel de confianza para el intervalo. Éste expresa cuán frecuentemente el analista está dispuesto a cometer un error aceptando la media muestral como una medida de la verdadera media (el nivel de confianza típico del 95% implica una disposición a errar en el 5 % de los casos).

- En segundo lugar es necesario especificar los límites del intervalo de confianza alrededor de la media en términos absolutos o relativos. En este último caso como el intervalo se expresa como una proporción de la media, se necesita una estimación del mismo para calcular los valores absolutos del intervalo. Una opción útil consiste en expresar el tamaño muestral como función del coeficiente de variación esperado $CV = \sigma / \mu$ de los datos.

Por ejemplo si se supone una distribución Normal y se específica un nivel de confianza del 95%, significa que un valor máximo de $1,96\, se(\overline{x})$ se aceptaría para el intervalo de confianza ($\mu \pm 1.96\sigma$ contiene el 95% de la distribución de probabilidad Normal). Si se especifica un error del 10% se obtendría un intervalo ($\mu \pm 0.1\mu$) y puede observarse que:

$$se(\bar{x}) = 0,1\mu / 1,96 = 0,051\mu \qquad (4.13)$$

y reemplazando este valor en (4.11) se obtiene:

$$n' = (S/0,051\mu)^2 = 384CV^2 \qquad (4.14)$$

Ahora si el intervalo se específica como ($\mu \pm 0.05\mu$), es decir con la mitad de error, n se incrementaría cuatro veces hasta $1536CV^2$.

Por ejemplo, en una población de 50.000 hogares se desea realizar una encuesta de viajes para entender el patrón de viajes. Se estima que una variable importante en la generación de viajes es el ingreso, por lo que interesa obtener la media del ingreso de los hogares con una desviación estándar de un $\pm 10\%$ sobre la media con un 95% de confianza. A partir de un censo realizado con anterioridad en el área de estudio se estima que la media del ingreso es de 2.000€ con una desviación estándar de 1.500€.

De esta forma, con los datos anteriores, se tiene que:

$$se(\bar{x}) = 0,1\mu / 1,96 = 0,051 \cdot 2.000 = 102,04$$

$$n' = \frac{S^2}{se(\bar{x})^2} = \frac{1200^2}{102,04^2} = 216$$

Y

$$n = \frac{n'}{1 + \dfrac{n'}{N}} = \frac{216}{1 + \dfrac{216}{50.000}} = 213$$

Es decir, se tendrían que encuestar a 213 hogares para tener ese nivel de precisión.

Para completar este punto es importante enfatizar que el desarrollo anterior es relativamente subjetivo. A parámetros más importantes se les puede asignar intervalos de confianza más pequeños y/o niveles de confianza mayores. No obstante, cada una de estas acciones produce errores estándar más pequeños y en consecuencia mayores muestras y costes, en el ejemplo anterior, si se desea un error del 5% en vez del 10%, se deberían encuestar a 850 hogares, es decir, 4 veces más. Si se necesita estimar varios parámetros, la muestra puede ser elegida a partir de aquel parámetro que requiere un tamaño muestral mayor.

4.4   Consideraciones practicas del muestreo

El último paso del proceso de muestreo es la extracción de la muestra en sí. En algunos casos el procedimiento puede ser fácilmente automatizable, tanto en campo como en la oficina, pero debe realizarse siempre con referencia a un proceso aleatorio (Ortúzar y Willumsen, 2001).

En el caso de muestreo aleatorio, aunque los únicos procedimientos verdaderamente aleatorios son aquellos de naturaleza física, estos son por lo general demasiado costosos para ser utilizados en la selección de la muestra. Por esta razón normalmente se utilizan procedimientos seudo-aleatorios, capaces de generar fácil y rápidamente un conjunto de números aleatorios, con el fin de crear identificadores, para posteriormente seleccionar las unidades de muestra.

El muestreo estratificado (así como el basado en la elección), requiere muestreo aleatorio dentro de cada estrato. Para llevarlo a cabo es necesario en primer lugar aislar al grupo relevante y esto, en la práctica, puede no ser tan sencillo. Considérese por ejemplo un caso en el que la población de interés está formada por todos los viajeros potenciales de una ciudad. Si se estratifica por área de residencia, puede ser relativamente simple aislar la sub-población de residentes dentro de la ciudad (por ejemplo utilizando datos de una encuesta anterior). El problema reside en que es extremadamente difícil aislar y tomar una muestra del resto, en este caso residentes del exterior de la ciudad.

Un problema adicional es que en ciertos casos, incluso aunque sea posible aislar todas las sub-poblaciones y conformar estratos, es difícil asegurar una muestra aleatoria dentro de cada estrato. Por ejemplo, si se está interesado en realizar una muestra basada en la elección de modo de los viajeros de una ciudad, será necesario entrevistar a usuarios de autobús y para ello en primer lugar hay que decidir qué rutas serán incluidas en la muestra. Ciertas rutas podrían tener proporciones de estudiantes y/o viajeros de la tercera edad más altas que la media, por lo que se introducirían sesgos.

La obtención del tamaño de cada sub-población es un elemento clave y de gran importancia para determinar el número de personas a muestrear posteriormente. Dada una cierta estratificación hay varios métodos disponibles para averiguar el tamaño de cada sub-población, tales como:

- *Medición directa*. Es posible en ciertos casos; por ejemplo, en una muestra basada en la elección de modo para viajes al trabajo. El número de billetes de metro y autobús vendidos, y aforos de tráfico en la hora punta en un corredor de la ciudad, puede ofrecer una medida adecuada (aunque imperfecta, ya que no todos los viajes durante el periodo punta son al trabajo), del número de personas que eligen cada modo. Disponiendo de una estratificación geográfica (por ejemplo zonal), se puede utilizar el último censo para estimar el número de habitantes de cada zona.

- *Estimación a partir de una muestra aleatoria*. Si se realiza un muestreo aleatorio simple, la fracción en la muestra correspondiente a cada estrato es un estimador consistente de la fracción del total correspondiente a cada sub-población. Es importante señalar que el coste de este método es bajo, ya que la única información registrada es la necesaria para establecer el estrato al cual pertenece el entrevistado.

- *Resolución de un sistema de ecuaciones simultaneas.* Supóngase que se trata de estratificar por el modo elegido (coche, bus y metro) y que se conocen datos sobre ciertas características de la población como el Ingreso medio (Y) y tasa de motorización promedio (TM), entonces bastaría con realizar una pequeña encuesta en cada modo para obtener el Y y TM de cada uno y plantear un sistema de ecuaciones que tenga las proporciones de sub-población como incógnitas.

Finalmente, cuando se diseña un muestreo, debe tenerse en cuenta el "porcentaje de fallo" de los diferentes tipos de encuestas. El tamaño de la muestra anteriormente discutido se corresponde con el número de respuestas válidas en todo el proceso de toma de datos. Algunos procedimientos de encuesta generan porcentajes pequeños de respuestas válidas (por ejemplo algunas encuestas postales), pero se utilizan debido a su mínimo coste.

4.5   Minimización del error muestral

Una de las formas de disminuir el sesgo en la encuesta es disminuyendo el error muestral que puede surgir por el uso de la muestra y por la variabilidad de las respuestas. El impacto del tamaño muestral y las estrategias de muestreo pueden afectar considerablemente la precisión de los parámetros obtenidos de los distintos modelos, por lo que una forma de reducir el error, siempre que existan los recursos, puede ser aumentando el tamaño muestral o mejorando las estrategias de muestreo.

Otras fuentes de error en la encuesta no relacionadas con el muestreo que están asociados a los sesgos de la encuesta, se diferencian de los errores de muestreo porque:

- Se originan de diversas fuentes.

- No son aleatorios, tienen un efecto constante en la estimación de los parámetros.
- Muchas veces no se pueden cuantificar.
- No disminuyen si se aumenta el tamaño muestral.

Dentro de los problemas en el diseño e implementación de la encuesta que pueden generar sesgos, se encuentran:

- Identificación errónea de la población de estudio.
- Marco muestral imperfecto.
- No-respuestas.
- Instrumentos de encuestas pobres y malos cuestionarios.
- Errores cometidos por los entrevistadores y la gente de campo.
- Errores de codificación, entrada y procesamiento de datos.

5. Encuestas de viajes a hogares

Aunque las encuestas O-D más complicadas y costosas son las domiciliarias, son también las que ofrecen, por lo general, la posibilidad de obtener información más útil. A veces el interés no se centra en la recogida de datos para un sistema completo de modelos sino sólo para algunas partes del mismo: el caso más típico es el de elección modal y asignación en estudios a corto plazo.

Al comenzar el diseño de las encuestas es importante desarrollar los objetivos por los cuales se desea recolectar la información, estos pueden ser variados, entre ellos:

- Identificar claramente la información necesaria que han llevado a concluir que se necesita realizar una encuesta a hogares.
- El uso de la información de la encuesta y los análisis esperados.
- Las orientaciones de la recolección de la información.

Los elementos comunes para un diseño apropiado de una encuesta a hogares (y que también son válidos para otro tipo de encuestas como las de interceptación) se pueden resumir en:

- *Planificación general*: Es el principio del estudio, donde se plantean cuestiones como:
    - Los objetivos de la encuesta.
    - Se establecen los principios fundamentales de la encuesta.
    - Se reúne información preliminar.
    - Se estudian las posibles tareas a realizar.

- *Definición de los tamaños muestrales*: en esta tarea se intenta determinar esquemas y tamaños muestrales que permitan obtener conclusiones razonables.

- *Definición del método de encuesta y realización de formularios*: se establece el tipo de encuesta a utilizar (por ejemplo entrevista personal, entrevista personal con diario de viajes, encuesta de auto-llenado, otros) y el diseño adecuado de los formularios para conseguir los objetivos propuestos.

- *Trabajo en terreno*: se define el personal de terreno, la publicidad necesaria, entre otros puntos.

- *Procesamiento computacional*: es necesario determinar la forma en que se registrara computacionalmente la información.

- *Corrección y expansión de los datos*: En esta etapa se realizaran correcciones para garantizar las distribuciones de tamaño del hogar, sexo, edad, entre otros.

- *Validación*: La validación más importante es la que se realiza con la propia encuesta, con el fin de verificar la validez de la información recolectada.

- *Mediciones complementarias*: entre las que se mencionan aforos, encuestas a vehículos de carga, recopilar información sobre uso de suelos, etc.

A continuación se detallada cada uno de estos elementos.

5.1   Planificación general

En esta etapa se identifican claramente los objetivos de por qué realizar una encuesta de viajes a hogares, lo que se consigue identificando cuidadosamente los problemas que se planea estudiar, con ayuda de los resultados de la encuesta, identificando posibles usuarios adicionales de esa información y postulando las relaciones que deban estudiarse y su posible dependencia de variables de planeación.

En esta etapa se deben analizar una serie de temas que afectaran el diseño de la encuesta como por ejemplo:

- **¿Se necesita la información relacionada con todo el hogar como una entidad o a nivel de individuo dentro del hogar?.** La información recolectada en las encuestas a hogares se puede analizar usando diferentes unidades de análisis, incluyendo hogares, individuos, vehículos, viajes, actividades, otros, pero antes de que estos análisis se realicen es necesario definir cuál será la unidad básica a utilizar en la encuesta, por ejemplo los modelos de generación de viajes necesitan información a nivel de los hogares como una entidad, en cambio los modelos de partición modal requieren información más desagregada a nivel de individuo dentro del hogar (no necesariamente todos los miembros del hogar). Distinguir cual nivel de agregación se utilizara es fundamental en la posterior etapa de diseño, ya que influirá fuertemente en los esfuerzos y recursos a utilizar. Si se recolecta información basado en el hogar, es necesario definir un procedimiento para identificar a los miembros del hogar y encuestar a cada uno. Cuando se recolecta información a nivel de individuo es más sencillo y se requieren menos recurso, pero hay que tener cuidado en la muestra seleccionada, ya que puede ser sesgada y no representativa. De todas formas, en general, en las encuestas a hogares se requiere encuestar a todos los miembros del hogar.

- **¿Se obtendrá información usando análisis de corte transversal o longitudinal?.** Tradicionalmente las encuestas han recogido información en un punto del tiempo determinado, por ejemplo realización de 500 encuestas de viajes durante mayo de 2006, es decir, se realiza un corte transversal, y se saca una foto de los viajes. En los últimos tiempos las tendencias van cambiando y cada día se realizan más encuestas continuas, donde se encuesta a la población de estudio a través del tiempo usando "oleadas" de encuestas, por ejemplo, 10.000 encuestas el 2006, otras 4.000 el 2007, otras 4.000 el 2008 y así sucesivamente. De esta forma se recoge información para cada día de la semana, a lo largo de todo el año y durante varios años. En este último caso se obtiene información de mejor calidad, pero a costa de mayores recursos.

- **¿*Recolectar la información relativa a los viajes o actividades?*.** Es sabido que los viajes son una demanda derivada, la demanda de viajes se relaciona con las actividades que la gente realiza. Al respecto se pueden distinguir:

  o *Encuestas basadas en viajes*: donde se recolecta información acerca de los viajes realizados, ya sea mediante diario de viajes, ayuda memoria, entrevistas, otros. Esta es la forma más eficiente de recolectar información acerca de los viajes en términos de tiempo y sobrecarga al encuestado, pero puede producir una subestimación de los viajes realizados (por ejemplo los encuestados pueden obviar algunos viajes realizados, por ser muy habituales).

  o *Encuestas basadas en las actividades*: se recoge información de las actividades que han realizado los individuos y que han significado la realización de al menos un viaje. En general la gente recuerda mejor las actividades realizadas en vez de los viajes, lo que obligara a su vez a desarrollar mejores cuestionarios y que los encuestados dediquen mayor tiempo a la encuesta

  o *Encuestas basadas en el uso del tiempo*: se recopila información de todas las actividades en que han participado los encuestados durante un periodo de tiempo. Si bien tienen la ventaja de que al preguntar por todas las actividades, las posibilidades de recoger información sobre todos los viajes realizados es mayor, este acercamiento tiene la desventaja de demandar más tiempo para rellenar la encuesta y muchas veces son consideradas como invasivas por los encuestados.

- **¿*Cómo se debe completar la información de viajes o actividades?*.** Dependiendo del análisis que se requiera puede variar la forma en que se recolectaran los viajes o las actividades. Por ejemplo si se requiere la información para modelos de generación de viajes, lo más adecuado es recolectar información de viajes de todo el día, en cambio para análisis enfocados en viajes al trabajo, puede ser útil solo los viajes durante un periodo de tiempo determinado. Si se requiere una lista detallada de los viajes de un hogar es más recomendable el uso de diarios de viajes o actividades en vez de pedir al encuestado que recuerde sus viajes.

- **¿Se necesita información específica de un periodo del año o durante varios periodos?**. Tradicionalmente las encuestas a hogares recogen información en un corto periodo de tiempo durante un año determinado, generalmente en los meses de invierno y primavera, por considerar que se obtiene información más representativa a cerca de los viajes realizados. De todas formas la selección del periodo a realizar la encuesta dependerá de varios motivos, entre los cuales se incluyen:

    o La estacionalidad de la información a recolectar, por ejemplo para modelos de calidad del aire.

    o La posibilidad de predecir los patrones de viajes usando información de otro periodo de realización de la encuesta.

    o La variación en la tasa de cooperación en los distintos periodos de realización.

    o El coste de realización de la encuesta en los distintos periodos.

- **¿Se necesita información específica dentro de un periodo del día o varios días?**. Además del periodo del año a realizar la encuesta puede ser importante definir por cuales días y horas de la semana se preguntara por los viajes y la cantidad de información necesaria a recolectar. Nuevamente, encuestas en que se pregunta por viajes durante varios días entregan más información, pero pueden provocar fatiga en los encuestados, además de gastar más recursos.

Por otra parte en esta etapa es necesario realizar una serie de tareas preliminares para llevar a cabo una buena encuesta de movilidad, entre las que se encuentran (Ortúzar y Willumsen, 2001):

- Zonificación.
- Catastro de direcciones.
- Geocodificación.
- Red vial modelada.
- Identificación de otras fuentes de información.

5.1.1 Zonificación

La zonificación se usa para agregar hogares individuales y edificios en porciones del territorio tratables para los propósitos de la modelización y debe permitir representar el área de estudio a tratar y captar en forma realista el patrón de viajes. Las dos dimensiones principales de un sistema de zonas son el número de zonas y su tamaño, y evidentemente ambas están relacionadas. Cuanto mayor sea el número de zonas, obviamente más pequeñas deberán ser para cubrir la misma área de estudio.

La primera alternativa al establecer un sistema de zonificación es distinguir el área de estudio como tal del "resto del mundo". Existen algunas ideas que pueden facilitar esta decisión:

- Al elegir el área de estudio se debe considerar el contexto de decisión, la red de transporte que debe ser modelizada, y la naturaleza de los viajes que interesan, es decir si son obligatorios u opcionales, de corta o larga distancia, etc.

- Para estudios estratégicos se debe definir el área de estudio de forma que la mayoría de los viajes tengan su origen y destino dentro de ella. Sin embargo esto puede no ser posible para el análisis de pequeñas áreas urbanas donde la mayoría de los viaje de interés son viajes que atraviesan las zonas, y por tanto debe ser considerada la posibilidad de establecer circunvalaciones.

- Problemas similares surgen en estudios de gestión de tráfico en áreas locales, donde los flujos de tráfico también tienen su origen o destino, o ambos, fuera del área de interés. En estos casos es interesante saber si es posible modelizar los cambios que experimentarían estos viajes como consecuencia de nuevas intervenciones en la red.

- El área de estudio debe ser, en cualquier caso, más grande que el área concreta de interés y debe comprender las redes de transportes que hayan de ser consideradas. Debe permitir el cambio de rutas, cambios en el destino, etc., ya que puede resultar importante modelizar sus efectos en el área de estudio.

La región externa al área de estudio se divide normalmente en un cierto número de zonas externas. En algunos casos puede ser suficiente considerar cada zona exterior para representar cada parte del "resto del mundo" en una dirección particular. Las fronteras de estas diferentes partes del "resto del mundo" podrían representar áreas naturales conectadas mediante arcos de transporte por los que circulen flujos externos que alimentan el área de estudio. En otros casos, puede ser ventajoso considerar zonas externas de tamaño creciente con la distancia al área del estudio. Esta consideración puede facilitar el análisis de los impactos sobre diferentes tipos de viajes (corta y larga distancia).

Asimismo el área de estudio por su parte se divide en zonas internas más pequeñas. Su número dependerá del equilibrio adquirido entre todos los criterios que se señalan más adelante. Por ejemplo, para el análisis y organización de redes de gestión de tráfico se requerirá generalmente zonas más pequeñas, representando incluso aparcamientos de vehículos o los principales generadores/atractores de viajes. Por otra parte, en el caso de estudios estratégicos, necesitan diseños zonales mucho más amplios.

Las zonas se representan en los modelos de ordenador, como si todos sus atributos y propiedades estuvieran concentrados en un único punto denominado centroide de zona. Este punto se puede considerar flotando en el espacio y no en una localización física sobre un mapa. Los centroides se conectan a la red mediante los conectores de centroide que representan los costes medios (distancia, tiempo) que tienen los viajes con origen o destino en esa zona para incorporarse al sistema de transportes. Casi tan importante como el coste asociado a cada conector, es el nodo de la red al que se conecta. Estos nodos deben estar próximos a los puntos naturales de acceso/salida de la zona. El papel de los centroides y conectores en la modelización debe contribuir a la definición de los límites de zonas.

A partir de la experiencia adquirida en varios estudios dentro de los criterios de zonificación se pueden incluir:

- El tamaño de las zonas debe ser tal que el error de agregación causado por la hipótesis de que todas las actividades se concentran en el centroide, no sea muy grande. Puede ser conveniente comenzar con un sistema con zonas muy pequeñas, ya que estas pueden agregarse de varias formas dependiendo de la naturaleza de los proyectos que vayan a ser evaluados.

- El sistema de zonas o zonificación debe ser compatible con otras divisiones administrativas, particularmente a partir de las secciones censales. Este criterio es probablemente el fundamental y el resto de los criterios debe cumplirse ya que si no, pueden producirse inconsistencias con él.

- Las zonas deben ser lo más homogéneas posibles en su composición de usos del suelo y/o población. Las secciones censales con claras diferencias al respecto (por ejemplo sectores residenciales con niveles de ingreso diferentes) no deben agregarse, incluso aunque sean pequeñas.

- Los límites de zonas deben ser compatibles con los cordones y las líneas-pantalla, así como con los límites de zonificación preexistentes. Se ha demostrado en la práctica que se debe evitar el uso de vías o calles principales como límites de zonas, ya que incrementa considerablemente la dificultad de asignar viajes a zonas, cuando estos se originan o acaban en una frontera entre las mismas.

- La forma de las zonas debe permitir una identificación sencilla de los conectores de centroides. Esto es particularmente importante para la estimación sucesiva de características intrazonales. Una zona debe representar el área natural de cobertura de las redes de transporte y su(s) conector(es) debe(n) ser identificado(s) para la representación de los costes principales de acceso a la red.

- Las zonas no tienen por qué ser de tamaño similar. Si acaso pueden ser de dimensiones semejantes en unidades de tiempo de viaje, lo que implica la generación de zonas más pequeñas en zonas más congestionadas.

De todas formas la zonificación debe ser solo referencial, ya que siempre que sea posible, es mejor georreferenciar (es decir, asignar un código geográfico o geocodificar) toda la información disponible, y por lo tanto en este caso no será necesario una zonificación posterior, ya que esta dependerá del ámbito del estudio.

5.1.2   Catastro de direcciones

Antes de seleccionar los hogares a encuestar es recomendable contar con una base de direcciones más actualizada en relación con la última información censal disponible, por si existen diferencias importantes en las zonas de análisis, de tal manera de lograr una mejor aproximación de la situación actual.

La información levantada en el catastro debe considerar los siguientes aspectos:

- Identificación de la sección censal.
- Identificación de la zona.
- Identificación de la calle.
- Número de la dirección.
- Piso.
- Uso de suelo (ya sea residencial, comercial, industrial, etc.)

No es necesario catastrar todas las direcciones de la ciudad; basta con incluir las zonas o áreas específicas seleccionadas para encuestar.

5.1.3   Red vial modelada

La red de transportes trata de representar la parte de la oferta dentro del proceso de modelización, es decir, lo que el sistema de transportes ofrece para satisfacer las necesidades de desplazamiento de los viajeros en el área de estudio. La descripción de una red de transportes en un modelo de ordenador puede realizarse con diferentes niveles de detalle y requiere simplificar su estructura, sus propiedades o atributos y la relación entre dichos atributos y los flujos de tráfico.

La red de transportes puede representarse con diferentes niveles de agregación dentro de un modelo. La práctica normal es modelizar la red como un grafo dirigido u orientado, es decir un sistema de nodos y arcos conectados. La mayor parte de los nodos representan intersecciones, mientras que los arcos representan tramos de calles o vías homogéneas entre intersecciones. Los arcos han de venir caracterizados por sus atributos como por ejemplo, longitud, velocidad, número de carriles, etc., y son habitualmente unidireccionales. El subconjunto de los nodos correspondiente, se asocia con los centroides de zonas así como el subconjunto de arcos correspondiente, también se asocia a los conectores de los centroides.

Un problema que se plantea con lo antedicho es que la conectividad del nodo se realiza a cada arco que llega a él sin coste alguno. En la práctica algunos movimientos de giro en las intersecciones pueden ser más difíciles de realizar que otros, e incluso algunos giros pueden estar prohibidos. Para representar mejor estas características de la red real, es posible penalizar y/o prohibir movimientos de giro. Esto puede hacerse manualmente desagregando la intersección y asignando arcos ficticios a cada movimiento de giro y asociando coste diferente a cada uno.

Una decisión fundamental en la preparación de una red es determinar cuántos niveles de jerarquía viaria se van a incluir. Si se incluyen más calles o vías, mejor será la representación de la realidad. De nuevo aparece el problema de los costes del estudio frente al realismo, lo cual puede conducir al modelista a prescindir de algunos arcos. Además no tiene mucho sentido incluir un número elevado de vías en la red para después realizar hipótesis más generales sobre giros y demoras en las intersecciones. Tampoco es muy razonable utilizar una red muy detallada junto con un sistema de zonificación menos preciso, ya que los errores de agregación espacial (en términos de conexión de centroides a la red), reducen el valor de todo el proceso.

El nivel de detalle asociado con los atributos de los arcos depende de la resolución de la red y del tipo de modelo utilizado.

Para un nivel mínimo de análisis se requieren los siguientes datos referentes al arco:

- Longitud.
- Velocidad de recorrido, bien como velocidad a flujo libre o como un valor observado para una determinada intensidad de tráfico.
- Capacidad del arco, habitualmente en unidades equivalentes de vehículos de pasajeros (PCU Passenger Car Equivalent) por hora.

Además se asocia una relación coste-intensidad a cada arco. La mayor parte de las técnicas actuales de asignación suponen que, en la elección de ruta, los conductores tratan de minimizar una combinación lineal de tiempo y distancia, denominada a veces coste generalizado. Esta hipótesis es simplista, ya que existen muchas diferencias no solo en la percepción del tiempo, sino también en su importancia relativa comparada con otras características de las rutas. Sin embargo, la gran mayoría de los modelos de redes utilizados hoy en día trabajan únicamente con distancia y tiempo de viaje.

En algunos casos se emplean modelos más elaborados para representar el retardo del flujo de tráfico, pero estos requieren información adicional sobre los arcos, por ejemplo:

- Tipo de vía (autovía, vía principal, calle local).
- Anchura de calzada o número de carriles o ambos.
- Indicaciones de presencia o ausencia de carriles bus, o prohibiciones para el uso por ciertos vehículos (por ejemplo camiones).
- Giros prohibidos o giros que se realizan solo cuando existe espacio disponible en el tráfico opuesto.
- Tipo de intersección y detalles de la misma, incluyendo regulación semafórica.
- Capacidad de almacenamiento por colas y su existencia al comienzo de una determinada fase semafórica.

A medida que progrese la comprensión de la influencia de estos atributos en la elección de rutas, se podrán desarrollar modelos de asignación más precisos. La contrapartida a este avance será la necesidad de incluir otras características de las vías, tales como su calidad escénica, número de intersecciones de cada tipo, etc.

Además de la red vial modelada puede ser oportuno contar con una matriz de viajes a priori con el fin de determinar un patrón de viajes inicial y facilitar la tarea posterior de determinar los arcos en que se pueden realizar mejores encuestas de interceptación para complementar la encuesta de hogares.

5.1.4   Geocodificación de la ciudad

Con el objeto de recopilar y codificar la información de la forma más desagregada posible es importante geocodificar la ciudad para tener la información al nivel más desagregado posible, esto es, realizar una asociación latitud/longitud o en otro sistema de coordenadas del elemento en cuestión (por ejemplo, hogar, actividad, viajes, etc.) y luego realizar las agregaciones correspondientes para los distintos análisis.

5.1.5   Identificación de otras fuentes de información

La identificación de otras fuentes de información independientes de la encuesta tiene la utilidad de:

- Permitir desarrollar muestras de encuestas a hogares.
- Complementar parte del trabajo realizado con la encuesta.
- Validar los resultados de la encuesta.

Dentro de las fuentes de información de las cuales se puede obtener información importante para el estudio se incluyen:

- *Instituto nacional de estadísticas*: es una fuente de información disponible para buscar datos estadísticos y recabar información acerca de datos históricos de la actualidad económica, demográfica y social del país.

- *Encuestas realizadas anteriormente*: estudiar los resultados de encuestas pasadas en el área de estudio puede ser importante para los analistas ya que pueden ayudar a:

  o Que método de encuesta es más útil en el área.

  o Proveer información relevante acerca de los viajes.

  o Definir un rango de respuestas esperadas para determinadas preguntas.

  o Determinar posibles variaciones de los datos de la encuesta y ayudar así a calcular el tamaño muestral.

  o Proveer tasas de respuestas y problemas potenciales de no-respuestas.

- *Otros estudios de transporte*: que puedan entregar información relativa a posibles modelos de generación, distribución, partición modal. Esto con el objetivo de tener información que pueda ayudar a:

  o Identificar los límites del área de estudio.

  o Proveer información de medias y varianzas de determinadas variables.

  o Ayudar a determinar el rango de respuestas válidas para determinadas preguntas.

5.2   Definición del tamaño muestral

El objetivo de las encuestas de viajes normalmente incluye el análisis de todos los viajes del área de estudio, por lo tanto, no incluye sólo a los componentes de las familias sino también a los que las visitan, los viajes que generan los hoteles, los demás individuos que usualmente no viven en viviendas privadas (como hospitales) así como los viajeros que atraviesan el área de estudio en los días del muestreo.

Como se mencionó anteriormente el desafió en el diseño de muestras es identificar esquemas y tamaños muestrales que permitan obtener conclusiones razonables. Uno de los elementos claves de cualquier proceso de recolección de datos es la definición del marco muestral.

El marco muestral define la población en estudio y permite determinar posteriormente la tasa de no respuesta. Una posibilidad es definir el marco muestral como todos los viajeros en el área urbana; así, no sólo debe incluir los residentes en hogares, sino que también los visitantes alojados en hoteles, residentes en centros colectivos, enfermos en hospitales y viajeros que cruzan el área. Es claro que no todos se pueden detectar, por ejemplo, en la encuesta a hogares.

Una vez definido el marco muestral es necesario determinar cómo conseguir información de la población para extraer la muestra. Por ejemplo para seleccionar los hogares utilizar el padrón municipal, listas de directorios telefónicos, catastro de direcciones, información del Censo y del I.N.E., entre otras alternativas. Es importante señalar, eso sí, que no es necesario hacer un catastro de todas las direcciones de la ciudad; basta con catastrar las zonas o áreas específicas seleccionadas para encuestar, en un proceso de tres etapas. Primero se selecciona una zona (por ejemplo una sección censal), luego se catastra todos los hogares de ésta, y finalmente se escoge los hogares a ser entrevistados.

Finalmente cabe destacar que aun cuando se catastre direcciones, la unidad de muestreo es el hogar o el viajero, por lo que se debe tener cuidado y diseñar procedimientos de corrección por la ocurrencia de múltiples hogares en una dirección (por ejemplo condominios, allegados, etc.)

Una vez definido el marco muestral y habiendo conseguido toda la información necesaria de la población para extraer la muestra, se debe proceder a calcular su tamaño y a elegirla.

Al momento de determinar el tamaño muestral hay que tener en consideración el número de hogares en la zona de estudio y dejar en claro que no existe una fórmula única para determinar este número si no que será una decisión consensuada considerando la información que se requiere, el tamaño de la ciudad, el presupuesto, entre otros factores.

En el caso de encuestas a hogares la información recolectada puede constituir la "entrada" para distintos modelos, por lo que el número de encuestas a realizar dependerá del objetivo final por el cual se desea recopilar.

Tradicionalmente se han realizado encuestas domiciliarias O-D a partir de muestras aleatorias muy grandes. La Tabla 5-1 muestra los valores que han sido recomendados en encuestas realizadas durante más de 20 años (Bruton 1985), pero que son raramente utilizados en la práctica.

Los problemas creados por estas enormes muestras han sido ocasionados porque en muchos organismos, especialmente en países en vías de desarrollo, se piensa que estos tamaños son esenciales y se requieren hasta tamaños un 20% más grandes para ser entrevistados en la encuesta, para poder afrontar pérdidas eventuales de validación.

Población del área	Tamaño de la muestra (viviendas)	
	Recomendado	Mínimo
Menos de 50.000	1 de 5	1 de 10
50.000-150.000	1 de 8	1 de 20
150.000-300.000	1 de 10	1 de 35
300.000-500.000	1 de 15	1 de 50
500.000-1.000.000	1 de 20	1 de 70
Más de 1.000.000	1 de 25	1 de 100

Tabla 5-1: Tamaños muestrales recomendados tradicionalmente

Los métodos para estimar el tamaño de la muestra a partir de un enfoque estadístico más lógico y con mayor aprovechamiento, requieren el conocimiento de la variable a estimar, su coeficiente de variación y la precisión de medición deseada, así como el nivel de significación asociado a la misma.

Por lo tanto el tamaño muestral requerido para estimar una variable poblacional puede ser calculado si se conoce lo siguiente:

- Definición de la variable a ser estimada, por ejemplo número de viajes.
- Coeficiente de variación de la variable, es decir, la desviación estándar dividida por la media, $\frac{\sigma}{\mu}$.
- El grado de exactitud (E) y nivel de confianza (Z) deseados: usualmente se elige un 5% de error y un 90% de confianza respectivamente; para este último se usa el valor crítico de la variable normal estándar (por ejemplo Z = 1,645).

Así el tamaño muestral es:

$$N = \frac{CV^2 Z^2}{E^2}$$

(5.1)

La dificultad radica en conocer el coeficiente de variación para la zona de estudio a considerar, pero es posible utilizar información histórica de otros estudios o de otras ciudades, sin incurrir en errores importantes. En cualquier caso, siempre es posible verificar la estimación del coeficiente de variación después de recogida la muestra y de ser necesario, aumentar su tamaño. O bien, como es lo habitual, dimensionar una muestra un poco mayor de la calculada, para prever éstos y otros posibles errores.

Por otra parte el nivel de precisión (porcentaje de error aceptado por el analista) y su nivel de confianza son conceptos dependientes del contexto que dicho analista debe decidir en base a su propia experiencia personal. Cualquier muestra puede llegar a ser muy grande si el nivel de precisión requerido es demasiado estricto.

Por ejemplo considerando el caso particular de Torrelavega (segunda ciudad más importante de Cantabria en términos de número de habitantes), no se dispone de información histórica de coeficiente de variación del número de viajes por hogar, pero se considerara como punto de partida la ciudad de Burriana, Comunidad de Valencia

(27.000 habitantes) donde de acuerdo a Sanchez et al (2002) se usó 9 categorías (Tabla 5-2) según el tamaño del hogar y tasa de motorización, obteniendo un coeficiente de variación de 0,59. Los valores para cada categoría se presentan en la Tabla 5-3.

Tamaño	Tasa motorización		
	0	1	2 +
1	A	B	
2	C	D	E
3		F	G
4 +		H	I

Tabla 5-2: categorías consideradas

Categoría	Viajes	S	n
A	7,23	2,93	26
B	8,79	5,48	14
C	11,52	4,69	25
D	12,04	4,96	51
E	12,55	6,52	20
F	19,68	8,45	50
G	21,58	11,24	38
H	23,05	10,96	37
I	28,23	10,44	60
Total	18,12	10,84	321

Tabla 5-3: Viajes por categorías

De los valores anteriores se obtiene un total de encuestas de:

$$N = \left(\frac{0,59 \cdot 1,645}{0,05} \right)^2 = 387 \, encuestas$$

Por otra parte, dependiendo del modelo para el cual se quiere utilizar la información el cálculo del tamaño muestral puede variar. Si se quieren obtener únicamente tasas de generación de viajes, se puede demostrar que las muestras compuestas por unos 1.000 individuos garantizan un 5% de tolerancia (error) y un 90% de nivel de confianza en los valores. La situación cambia drásticamente si se centra el interés en el número de viajes de cada celda de una matriz O-D típica (con muchas zonas el nivel de detalle queda afectado). Por ejemplo si cada celda tiene alrededor de 1.000 viajes, una muestra del 4,3% garantiza errores de menos del 25% con un 90% de nivel de confianza. Sin embargo para volúmenes de 20 o 30 viajes entre zonas, que son muy comunes en la práctica, el mismo nivel de precisión requeriría muestras del 100% (toda la población).

- *Información para modelos de generación*. Dado que la mayoría de los viajes que interesan para análisis de transporte (viajes al trabajo, estudio y otros) se producen en el hogar, donde es más fácil estudiar el fenómeno y obtener datos que lo expliquen, tradicionalmente se ha confiado más en las estimaciones de generación de viajes, para luego ajustar las estimaciones de las atracciones a aquellos valores. Para determinar la generación de viajes, se requiere básicamente estimar tasas de generación de viajes por hogar, lo que se hace vinculando tales tasas con aquellas variables que podrían explicarlas, las más típicas: tamaño del hogar y tasa de motorización o ingreso familiar y tasa de motorización del hogar. Un tamaño muestral adecuado debiera permitir tener suficientes observaciones en todas las categorías de interés.

  Para estimar tasas de generación de viajes por hogar es indispensable, en primer lugar, clasificar los hogares (o tipos de usuarios) en categorías definidas de acuerdo a variables que influyan directamente en la producción de los viajes, como nivel de ingreso y tasa de motorización (número de autos en el hogar). Un tamaño muestral adecuado debiera permitir tener suficientes observaciones en todas las categorías de interés.

  Para calcular el tamaño muestral apropiado cuando existen clases o categorías, que es un problema algo más complejo, se recomienda el procedimiento que se resume a continuación (Smith, 1979):

  o Calcular coeficientes de variación (CV) modificados para cada categoría, dividiendo la desviación estándar de la variable en cada celda (s) por el promedio general en la población ($\bar{x}$). La clase con mayor CV se denomina celda crítica (resaltada en la Tabla 5-4).

  o Calcular la frecuencia de cada categoría en la población.

- o Multiplicar cada CV por su correspondiente frecuencia; el resultado de esta multiplicación se denomina factor, y la suma de estos factores se denota como C*.

- o Escoger el nivel de exactitud deseado y nivel de confianza requerido; por ejemplo 5% de error y 90% de confianza.

- o Calcular F como Z^2/E^2, en este caso $(1,645)^2/(0,05)^2 = 1.082$.

- o Multiplicar F por el cuadrado de C* y así obtener el tamaño muestral inicial (óptimo); éste corresponde al tamaño de muestra requerido si se utilizara un muestreo estratificado.

- o Dividir cada factor por C*, obteniendo así el peso de cada categoría.

- o Multiplicar este peso por el tamaño inicial óptimo; este es el número de muestras requerido para cada categoría si se utilizara un muestreo estratificado.

- o Multiplicar la frecuencia de cada celda por el tamaño inicial óptimo; éste es el número de hogares esperado para cada categoría si se tomara una muestra aleatoria.

- o Determinar si existe diferencia entre la muestra esperada y la calculada según este método para la celda crítica.

- o Si existe, amplificar el valor de muestra esperada de cada categoría por el cociente, para la categoría crítica, entre la muestra obtenida mediante este método y la esperada. La suma de las cantidades así obtenidas representa la muestra aleatoria total requerida para obtener suficientes observaciones en la celda crítica.

- o De no existir diferencia en la categoría que tiene el mayor coeficiente de variación, se utiliza la muestra esperada.

Al aplicar este método (Tabla 5-4) a las 9 categorías anteriores (Tabla 5-2) y usando el supuesto que distribuyen de forma similar en Torrelavega que tiene alrededor 20.000 hogares, se tiene que se necesita un número de 293 encuestas para obtener suficientes observaciones en la celda critica, usando un muestreo aleatorio simple. Por lo tanto con las encuestas calculadas anteriormente se cumplen los requisitos esperados y da cierto margen para estudiar los nuevos CV obtenidos.

Categoría	Viajes	S	n	n TORR	CV	Frecuencia	Factor	Peso	T. Optimo	T. Esperado	T. Final
A	7,23	2,93	26,00	1.534	0,16	0,08	0,01	0,03	6	17	24
B	8,79	5,48	14,00	826	0,30	0,04	0,01	0,03	6	9	13
C	11,52	4,69	25,00	1.475	0,26	0,08	0,02	0,05	10	16	23
D	12,04	4,96	51,00	3.009	0,27	0,16	0,04	0,10	21	33	46
E	12,55	6,52	20,00	1.180	0,36	0,06	0,02	0,05	11	13	18
F	19,68	8,45	50,00	2.950	0,47	0,16	0,07	0,17	34	32	46
G	21,58	11,24	38,00	2.242	**0,62**	0,12	0,07	0,17	35	24	35
H	23,05	10,96	37,00	2.183	0,60	0,12	0,07	0,16	33	24	34
I	28,23	10,44	60,00	3.540	0,58	0,19	0,11	0,25	51	38	55
Total	18,12	10,84	321,00	18.939		1,00	0,44	1,00	206	206	293

Tabla 5-4: tamaño óptimo por categoría

- *Información para modelos de Partición modal*. Los modelos de partición modal propuestos por la metodología son del tipo logit. Desde el punto de vista de la información requerida, la naturaleza de la función logit y el método de calibración (máxima verosimilitud) no permiten estimar confiablemente el tamaño de muestra necesario para calibrar el modelo, pero en general los tamaños muéstrales calculados para los modelos de generación son suficientes.

- *Información para modelos de distribución*. En general se puede decir que no es posible estimar una matriz de distribución confiable a partir de una muestra de cualquier naturaleza (en hogares o usuarios en la red) a menos que ésta cubra el 100% de la población. Dado que ello no es factible, se puede simular la matriz de distribución a través de un modelo gravitacional, lo que representa una importante simplificación, pero conlleva el problema de necesitar información para estimar las utilidades compuestas o los costes de viajar entre los distintos pares O-D. Por lo que mientras más observaciones se tengan mejor es la significancia que se puede obtener. Es por ello que para este objetivo se propone utilizar una combinación de encuestas en hogares y de interceptación en que se aprovecha la mayor eficiencia de estas últimas en la obtención de matrices. Sin embargo en otros estudios se ha recomendado tamaños muestrales variables con la población del área en estudio. Por ejemplo, el Bureau of Public Roads del gobierno norteamericano (Bruton, 1985), recomendaba tamaños muestrales entre un 1% y 4% para ciudades con más de un millón de habitantes, lo que puede ser muy excesivo y sobrepasar el presupuesto de la mayoría de las encuestas. Es importante recalcar que una matriz de viajes es una abstracción, una simplificación que permite definir en forma relativamente sencilla el término 'patrón de viajes'. Una matriz de viajes captura sólo parte de la complejidad de los desplazamientos, aún cuando se las segmente por propósito, tipo de persona u hora del día y por lo tanto lo más importante es obtener matrices razonables y una idea bastante cabal de su variabilidad en el tiempo.

Para obtener un diseño muestral que logre una muestra de menor dimensión, es necesario meditar las estrategias que estiman, por así decir, las tasas de generación de los viajes sobre la base de las condiciones socio-económicas. Una aproximación consiste en utilizar una heurística de muestreo multi-etapa, que puede producir resultados mejores con respecto del método clásico puesto a punto por Smith (1979), aunque ello requiere un esfuerzo mayor por parte del Analista y no garantiza una solución única. La aproximación heurística se inicia ordenando las clases socio-demográficas en relación al grado en el que éstas se encuentran representadas en la población. A continuación, las zonas del área de estudio pueden asignarse a una clase en base al grupo socio-económico que presente la frecuencia más alta en el interior de la zona. Sucesivamente se selecciona una muestra aleatoria de zonas por cada tipología socioeconómica (es decir, del orden del 1% de todas las familias). Las restantes zonas vienen clasificadas en orden de prioridad y entre ellas se eligen las necesarias para llenar la diferencia entre la muestra guía seleccionada y el mínimo requerido por cada nueva clase. El procedimiento se repite mientras que todas las clases no alcancen la mínima dimensión solicitada (más o menos unas 30 o 50 observaciones).

Este procedimiento se puede mejorar a través de la resolución del siguiente problema de optimización (Ampt y Ortuzar, 2004):

$$\min \sum_{i\in\{clases\}} \sum_{j\in\{zonas\}} \alpha_j \eta_{ij}$$
$$s.a.$$
$$0 \leq \alpha_j \leq 1$$
$$\sum_{j\in\{zonas\}} \alpha_j \eta_{ij} \geq \mu_i$$

(5.2)

dónde α_j es la proporción de familias a entrevistar en el zona j, η_{ij} es el número de familias de la clase i en la zona j y μ_i es la mínima dimensión aceptable de la muestra por cada clase i (es decir, 30 o 50 observaciones).

5.3   Definición del método de encuesta y sus elementos

El método de encuesta a usar (por ejemplo auto-llenado o entrevista personal) es difícil de escoger a priori, además del presupuesto influyen muchos factores como se ha descrito anteriormente incluyendo la idiosincrasia del lugar donde se realiza el estudio. Por eso, es fundamental que el método de encuesta escogido sea testeado mediante encuesta pilotos para determinar la tasa de respuestas y la información entregada por los encuestados.

Desde el momento en que uno de los objetivos del muestreo es conseguir la tasa más alta posible de respuestas, para minimizar las distorsiones debidas a las no-respuestas, a menudo se recomienda utilizar métodos mixtos de recolección de los datos es decir, encuestas de auto-llenado y entrevistas personales. En general la entrevista personal con formulario es la forma de encuesta que mayor información y tasa de respuesta entregan a un coste razonable. Pero hay casos en que no es posible realizar una entrevista ya que por ejemplo el jefe del hogar realiza muchos viajes o son hogares unipersonales o la negativa de recibir al encuestador. Por otra parte las encuestas de auto-llenado con entrega y retiro personal tienen una mejor relación coste-eficiencia, lo que las hace recomendable de utilizar, pero tiene la desventaja que puede llevar a un sub-reporte de viajes. En particular el sistema de auto-llenado parece más apropiado en los sectores dónde las personas tienen mayor costumbre de "rellenar cuestionarios" (se convalida con entrevistas personales sucesivas), o dónde las familias no pueden ser contactadas de otro modo que mediante llamadas a distancia, o dónde los intentos de realización de entrevistas personales tienen bajas tasas de respuesta. Esta combinación mejora las relaciones coste-eficacia del formulario de auto-llenado de alta calidad y minimiza la fatiga de contestar por los entrevistados (Richardson et al, 1995).

En términos de formato de las encuestas, es importante el orden en el que se formulan las preguntas, ya que se pretende lograr, cuando sea posible, que aquellas que puedan originar una cierta resistencia por parte de los encuestados sean formuladas al final de la entrevista. Este es el caso, evidentemente, de las preguntas relacionadas con el nivel de Ingreso del hogar. En términos globales se debe tomar en cuenta los siguientes puntos al momento de diseñar los formularios de la encuesta:

- La definición de viaje debiese incluir todos los movimientos en la vía pública, incluyendo los viajes no motorizados.
- Se recomienda recoger información sobre los viajes de todas las personas del hogar.
- La encuesta debe recolectar la información sobre viajes en forma muy desagregada, con el objeto de obtener mejores modelos de partición modal.
- Para facilitar la tarea de registrar todos los viajes efectuados por los encuestados, se recomienda, apelar primero a las actividades realizadas por los individuos (registrándolas) y luego consultar por los viajes. Una de las razones para utilizar este enfoque es su mayor capacidad para producir información más completa sobre cadenas de viaje (cuya proporción ha aumentado en los últimos años) en relación con el enfoque tradicional basado en viajes.
- Hoy es ampliamente aceptado que las personas tienen graves dificultades en recordar sus actividades menos frecuentes, incluso sólo un día después de

acaecidas; por esto, la metodología considera asignar un día de viaje a cada hogar y entregar una hoja de registro general de actividades y viajes para cada uno de sus miembros, que debe ser llevada por ellos durante ese día. La información esquemática allí registrada servirá de ayuda posteriormente para completar el formulario de viajes por parte del mismo encuestado (caso de auto-llenado), o del encuestador (caso de entrevista personal).

- Las direcciones obtenidas deben estar en lo posible lo más desagregadas posibles con el objeto de su posterior geocodificación. Así, en lo posible debiera solicitarse nombre de la calle, número, código postal, etc. Por otro lado, es sabida la gran dificultad asociada a recordar exactamente direcciones, o incluso intersecciones cercanas al lugar visitado; por esto, se recomienda examinar la factibilidad de que el encuestador lleve consigo planos correspondientes a las distintas zonas de la ciudad para apoyar esta parte de la labor de recolección de datos, o de incluir dichos planos dentro del material de apoyo, en caso de encuestas de auto-llenado.

- Las entrevistas se deben separar en dos partes: una para las variables del hogar y otra para los viajes individuales. Además, la primera parte debe contener la información socio-demográfica, ya que en caso de no lograr completar el resto de la entrevista, se dispondrá al menos de la información necesaria para poder caracterizar el hogar y sus habitantes y efectuar algún tipo de corrección.

- Las preguntas deben agruparse en bloques de acuerdo al tema a que se refieren, y deben tener una secuencia lógica dentro de cada uno de estos bloques.

- Las preguntas deben plantearse en un orden tal que partan de lo más general hasta llegar a lo más específico.

- Las preguntas más conflictivas o aquellas a las que el encuestado puede ser más sensible, deben dejarse para el final de la parte correspondiente de la encuesta.

- Se deben evitar las preguntas abiertas.

- Se debe utilizar un lenguaje simple y evitar las preguntas ambiguas.

- En el caso de entrevistas personales, en lo posible diseñar la encuesta de tal manera que el total de las preguntas estén redactadas y escritas en el formulario, así se hacen las mismas preguntas a todos los entrevistados y se facilita el reporte de los viajes, y también se puede minimizar la cantidad de sub-respuestas mediante el uso de la pregunta "¿hizo alguna parada en su viaje?".

- Las preguntas del formulario debiesen seguir las siguientes condiciones:
  - La información obtenida con la consulta debe ser relevante para los modelos a desarrollar o refinar, o para cualquier otro análisis que se desee efectuar.
  - La consulta y las categorías de respuesta deben corresponder a medidas válidas de las variables de modelación.
  - Las respuestas pueden ser codificadas adecuadamente para efectos de la modelación.
  - Los analistas, encuestadores y encuestados concuerdan sin ambigüedades en la interpretación de la consulta y las categorías de respuesta.
  - La consulta y las categorías de respuesta no tienen problemas de terminología.
  - La terminología de consultas y respuestas es la misma, o equivalente, a la de otras encuestas que serán usadas en el trabajo de modelación.
  - Las categorías de respuesta cubren todas las respuestas significativas que pueden anticiparse.
  - Las consultas y categorías de respuesta son significativas y comprensibles para los encuestados y fácilmente comprensibles para los encuestadores.

- Por otra parte se debe verificar si las preguntas de la encuesta tienen algún efecto en la calidad del estudio. Por lo tanto se debe cumplir que:
  - Los beneficios de la consulta, para efectos del análisis que se efectuará, superan sus costes en términos de longitud del cuestionario, fatiga del encuestado y aumento de la tasa de no-respuesta.

- o La información obtenida con la consulta tiene más utilidad que la que se conseguiría con otras consultas no incluidas en el formulario.
- o Las preguntas no provocan hostilidad hacia el estudio de la parte de los encuestados, ni cuestiona los objetivos del organismo que lo efectúa.

- Es recomendable analizar el diseño preliminar del formulario, simulando las respuestas de un encuestado tipo e intentando generar con ellas las variables para la estimación de modelos o los resultados tipo que se pretende obtener del estudio con el fin de probar el contenido, extensión y relevancia de las consultas, para evitar preguntas innecesarias.

- Se debe evitar en lo posible el uso de códigos por posibles errores posteriores al momento de traspasar o digitalizar la información.

Finalmente, cabe destacar que todos los esfuerzos por obtener un buen diseño debieran ir acompañados de una buena capacitación del personal de terreno (en caso de usar entrevista personal); esto pasa por una adecuada interacción entre analistas, diseñadores, capacitadores, supervisores y encuestadores.

El instrumento de encuesta debe ser diseñado de forma que aporte el mínimo de perturbación posible a los entrevistados y que alcance el máximo porcentaje de respuesta y por tanto la mayor robustez de los datos:

- En el caso de encuestas de auto-llenado se necesita focalizar la atención sobre el formato completo del formulario porque éste representa el único contacto con los entrevistados. El formato tiene que ser claro y conciso y en general debería guiar fácilmente a dichos entrevistados a través de las diferentes preguntas. Los formatos generalmente deberían ser planteados para animar a cada entrevistado a responder, estén ellos más o menos acostumbrados a rellenar tales cuestionarios.

- Las entrevistas personales tienen la fortaleza de que es fácil para los entrevistados contestar. Por tanto es muy importante la formación de los entrevistadores, para que comprendan el contexto de estudio y para estar seguro que el diseño de la encuesta sea para ellos simple de administrar.

Considerando los elementos que conforman la Encuesta Origen - Destino a Hogares se puede mencionar los más típicos:

- Carta de Presentación.
- Encuesta propiamente tal, compuesta por:
    - o Identificación General.
    - o Parte I: características del hogar, vehículos e Identificación de Personas.
    - o Parte II: Hoja de Viajes.
- Hoja de Registro General de Actividades y/o Viajes.
- Conjunto de avisos recordatorios para el hogar, para que las personas recuerden llenar los formularios en el día de viaje asignado, cartas de agradecimiento.

En términos globales una vez seleccionados los hogares a encuestar, se deberá enviar o entregar la carta de presentación. Posteriormente se deberá visitar el hogar con el fin de entregar el material de la encuesta (en caso de una encuesta de auto-llenado) o realizar la Parte I de la misma y entregar los formularios de Registro General de Actividades y Viajes. En ambos casos se debe dejar claro el día de viaje asignado al hogar, el que además debe consignarse en el sistema de recordatorios que se entregará ese mismo día. La idea es que en el Registro General de Actividades y/o Viajes, el encuestado enumere todas las actividades realizadas durante el día asignado y/o los viajes que se deriven de éstas. Es importante hacer hincapié en que los encuestados procuren completar lo antes posible (de preferencia inmediatamente después de realizado el viaje) la información requerida en las hojas del Registro General de Actividades y Viajes (la idea es que lo lleven con ellos durante el día), ya que los detalles suelen olvidarse y son de suma importancia. Al día siguiente del asignado (en horario convenido previamente con los encuestados), se deberá visitar el hogar nuevamente a fin de retirar los formularios (en el caso de auto-llenado) o de llenar (en caso de entrevista personal) la Parte II de la encuesta (Hojas de Viajes), ayudándose con el Registro General de Actividades y Viajes de cada encuestado.

5.3.1   Carta de presentación

La carta de presentación tiene dos objetivos principales: informar a los miembros del hogar acerca del estudio que se está realizando, y motivarlos recalcando la importancia de su participación (consistente en contestar la encuesta). Se debe hacer énfasis en la seriedad del estudio, destacando los organismos que lo avalan y la utilidad del mismo.

La carta debiera incluir en lo posible el nombre (y teléfono) de alguna persona responsable del estudio que pueda contestar consultas de los encuestados. En caso que se decida sortear un premio entre los hogares seleccionados, debe informarse en ella acerca de esto, a fin de que sirva como un incentivo para la participación.

Finalmente, la carta debiera ir firmada por un representante de alguno de los organismos que participan en el estudio, cuya condición sea tal que no sólo ratifique la seriedad del estudio sino que tenga la cualidad de no inducir sesgos de ningún tipo en los receptores.

Además hay que tener las siguientes consideraciones con el correo como ya se ha mencionado:

- Debe ser enviado para que llegue 3 o 4 días antes de la encuesta principal o de la entrevista.
- Debe dar la impresión correcta en cuanto a contenido y debe ser conciso, que no demande mucho tiempo en leer.
- La carta debe tener una apariencia de ser un documento oficial.

- Debe ser atractivo visualmente y dar una imagen de seriedad.

- Deber ser atractivo en términos de envoltura del sobre.

- Debe dar facilidades para responder el correo enviado, por ejemplo interfaz con Internet o teléfono gratuito de llamadas.

Un ejemplo de una carta de presentación ejemplo se presenta en la Figura 5-1.

Encuesta Domiciliaria

en el Municipio de Torrelavega

CARTA DE PRESENTACIÓN

Estimado/Estimada Sr o Sra:

El Grupo de Investigación de Sistemas de Transporte (GIST) de la **Universidad de Cantabria** trabajan en el proyecto **" Plan director de transporte urbano y la movilidad en la ciudad de Torrelavega "**.

Como parte del proyecto se necesita realizar una encuesta domiciliaria para conocer sus viajes. Con el fin de cumplir con los objetivos propuestos es necesario entrevistar a 500 hogares dentro de los cuales el suyo ha sido elegido en un proceso aleatorio.

Le solicitamos fervientemente su colaboración, ya que la información que nos aporte será fundamental para diseñar y establecer el Plan director de transporte urbano de **TORRELAVEGA.**

Para ello un encuestador perfectamente identificado contactará con su hogar en los próximos días y realizará en su domicilio un breve pero importante cuestionario.

Le garantizamos la más absoluta confidencialidad de los datos aportados. La información recogida será tratada en conjunto y solo se utilizará para el citado estudio.

Además, le informamos que está disponible en los siguientes teléfonos **947 259 411- 942 201 734,** para resolver cualquier tipo de consulta.

El Ayuntamiento de Torrelavega y el Grupo de Investigación de Sistemas de Transporte (GIST) de la Universidad de Cantabria le agradecen su valiosa colaboración. Reciba un cordial saludo.

Ernesto Benetto
Director del proyecto.
Universidad de Cantabria

ENCUESTA DOMICILIARIA

Universidad de Cantabria · Avda. de los Castros s/n. 39005 Santander · Telf. 942 288 888

Figura 5-1: Hoja encuesta Carta de presentación

5.3.2 Identificación General

En esta parte de la encuesta se debe destacar el título o tema del estudio, el nombre de los organismos encargados de su realización, y el folio de la encuesta (número único de identificación del hogar). Además debe contener los siguientes datos de carácter general, y que serán importantes para un posterior seguimiento interno:

- Datos del encuestador: nombre, teléfono y código asignado en la credencial.

- Datos de ubicación del hogar seleccionado: dirección (identificada por el nombre de la calle y número de la casa, o piso y número de planta, sección censal, otros), teléfono (siempre que el encuestado esté dispuesto a reportarlo y explicando que es sólo para una posible futura validación de la información proporcionada en la encuesta), zona (códigos según censo o catastro).

- Fecha y hora de visitas para contactar el hogar: deben anotarse todas las fechas en que fue visitado el hogar hasta obtener toda la información requerida en la Parte I de la encuesta (caso entrevista personal) o hasta que un representante del hogar acepte la realización de la encuesta. Es útil para la posterior corrección por sesgo de no - respuesta y además, para verificar el trabajo del encuestador.

- Fecha y hora de retiro de información: fecha de cada uno de los intentos de llenado y/o retiro de la información de la Parte II de la encuesta (caso de entrevista personal) o de toda la encuesta (caso de auto - llenado).

- Datos del codificador, digitador y supervisor: códigos asignados previamente que permiten identificar a las personas responsables de la codificación, digitación y supervisión de la encuesta.

- Fecha del día de viaje asignado al hogar (de haber sido asignado).

- Observaciones generales: espacio para comentarios que el encuestador o supervisor estime necesarios.

La Figura 5-2 muestra un ejemplo de la hoja de datos generales.

Encuesta Domiciliaria

en el Municipio de Torrelavega

1. DATOS DE LA ENCUESTA Y DEL HOGAR

1. Número de encuesta

2. Encuestador

3. Fecha de realización de la encuesta

4. Fecha de viajes del día

5. Número de visitas previas

6. Calle

7. Nº de portal

8. Tipo de vivienda

☐ Casa
☐ Piso

9. Sección censal

10. Teléfono

11. Correo electrónico

12. Nº de plantas del edificio

13. Nº de pisos por planta

14. Nº de casas en la urbanización

15. Comentario

ENCUESTA DOMICILIARIA

Figura 5-2: Hoja encuesta Datos generales

5.3.3   Características del hogar

En esta parte se incluyen preguntas para conocer las características de la vivienda donde reside cada familia y las características generales del hogar. Tres variables son importantes identificar: propiedad de la vivienda, tamaño del hogar, coste de uso.

Las preguntas más comunes en esta parte de la encuesta son:

- *Propiedad de la vivienda*: se debe indicar si el hogar que utiliza la vivienda es propietario de ésta, es vivienda de alquiler, o beneficiario de alguna institución, familiares o de amigos.
- *Número de miembros en el hogar.*
- *Coste de uso*: si se es propietario de la vivienda, debe registrarse el monto de la hipoteca mensual y el valor estimativo de alquiler del piso o casa. En caso de que el hogar encuestado sea arrendatario, sólo debe registrarse el monto del alquiler mensual.
- *Breve descripción de la vivienda*: debe indicarse el año de construcción de la casa o del piso, además del número de habitaciones y baños.
- *Permanencia*: se debe registrar el número de años que la familia (hogar) lleva viviendo en la actual dirección. También es importante indicar, con respecto a la residencia anterior, la dirección o zona donde se ubicaba y el tipo de vivienda de que se trataba: casa o departamento.
- *Reporte de respuesta*: en caso de no obtener respuestas completas y con el fin de diferenciar las razones de ello, es recomendable incluir una lista de posibles causas como: vivienda vacía, en construcción o demolida, enfermedad o muerte del encuestado, rechazo parcial o total, etc. La idea es poder utilizar esta información para corregir por no respuesta.
- *Otras preguntas a incluir pueden ser*: número de trabajadores en el hogar, ingreso familiar, idioma hablado en el hogar, etc.

En la Figura 5-3 se presenta una hoja de características del hogar.

5.3.4   Información sobre los vehículos

En este ítem se recopila información de todos los vehículos registrados utilizados por los miembros del hogar, incluso motocicletas y bicicletas. Entre la información a recoger se encuentra:

- Tipo de vehículo.
- Marca.
- Año.
- Cilindrada.
- Si pertenece a una empresa o institución.
- Usuario habitual (usar para esto el código asignado al integrante de la familia en la hoja de identificación de personas) y si hay más de uno indicar la cantidad de usuarios habituales.

En la siguiente figura se presenta una hoja correspondiente al ítem de información de vehículos.

Encuesta Domiciliaria

en el Municipio de Torrelavega

2. INFORMACIÓN SOBRE LA VIVIENDA

1. Propiedad de la vivienda

☐ Propia
☐ Alquilada
☐ De una Institución
☐ De un familiar o amigo

2. ¿Cuanto paga de hipoteca mensual?

☐ < 250 €
☐ 250-500 €
☐ > 500 €
☐ NS/NC

3. ¿En cuanto estima que puede alquilar su vivienda?

☐ < 250 €
☐ 250-500 €
☐ > 500 €
☐ NS/NC

4. ¿Cuánto paga de alquiler mensual?

☐ < 250 €
☐ 250-500 €
☐ > 500 €
☐ NS/NC

6. ¿Cuantos años lleva viviendo en esta dirección?

7 ¿Cuál es el número de habitaciones de su vivienda?

8. ¿Dispone de conexión a Internet?

☐ Sí
☐ No

9 ¿Cuál es el número de miembros en el hogar?

9. ¿Dispone de televisión de pago (cable o satélite)?

☐ Sí
☐ No

3. INFORMACIÓN SOBRE LOS VEHÍCULOS

11. ¿Cuántos vehículos se utilizan en su hogar?

☐ Automóviles   ☐ Vehículos todo terreno   ☐ Camiones

☐ Motos   ☐ Furgonetas   ☐ Otros

12. ¿Cuáles son las características de los vehículos del hogar?

	Marca	Modelo	Año	Cilindrada	Motor	Propio / empresa
Vehículo 1						
Vehículo 2						
Vehículo 3						

13. ¿Cuántas bicicletas hay en su hogar?

14. Tipo de aparcamiento en el lugar de residencia

☐ Garaje en vivienda   ☐ Zona reservada
☐ Garaje en inmediaciones   ☐ Otros
☐ Libre en la calle

ENCUESTA DOMICILIARIA

Figura 5-3: Hoja encuesta características de la vivienda e información vehículos

5.3.5 Características de los miembros del hogar

Esta parte incluye aquellas preguntas dirigidas a clasificar los miembros de la familia en relación a su posición respecto al jefe familia (por ejemplo, mujer, hijo), y luego informaciones acerca del sexo, la edad, la posesión de permiso de conducir, el nivel de estudio y la ocupación. Al objeto de reducir la posibilidad de clasificaciones subjetivas es importante definir un completo conjunto de ocupaciones laborales (es de hacer notar que cuando se trata de encuestas no domiciliarias estas conciernen sólo a las personas que son entrevistadas, sin embargo las cuestiones o preguntas relevantes son las mismas o similares).

Con respecto a las consultas específicas sobre los miembros del hogar, se debe considerar:

- *Nombres*: este dato sirve sólo como referencia, por lo que no se requiere de apellidos. Es importante distinguir a cada miembro si es que existen dos personas en el hogar con el mismo nombre.
- *Identificación*: número correlativo asignado a las personas que pertenecen al hogar entrevistado; este número permite identificar luego a cada persona en la Parte II de la encuesta.
- *Relación con el jefe de hogar*:
  - Jefe de familia: persona que corre con la mayor parte de los gastos de la familia.
  - Cónyuge: esposa o conviviente del jefe de hogar.
  - Hija/Hijo: deben incluirse todas aquellas personas que correspondan a esta categoría, tengan legalizada o no su situación.
  - Yerno/Nuera: deben incluirse todas aquellas personas que correspondan a esta categoría, tengan legalizada o no su situación.
  - Pariente: deben incluirse todas aquellas personas que siendo parientes, no están comprendidas en las clasificaciones anteriores (por ejemplo, abuelos, tíos, sobrinos, etc.).

- o Empleado/a: persona que vive en el hogar y recibe un ingreso por el trabajo que realiza en éste en forma estable.
- o Visitante: persona que visita el hogar, al menos durante el día de viaje asignado y que pernocta en el hogar.
- o Otro: persona que no pertenece a alguna de las clasificaciones anteriores.

- *Sexo*.

- *Año de Nacimiento*: Se deben registrar el año de nacimiento de la persona encuestada. La idea es calcular a partir de este dato, la edad de cada persona lo más exactamente posible. No se pregunta directamente por los años que tiene la persona debido a que, especialmente algunos adultos mayores no recuerdan su edad, sin embargo sí su año de nacimiento.

- *Licencia de conducir*: se refiere a la posesión de licencia para conducir distintos tipos de vehículos. Se debe indicar la clase de licencia que posee el encuestado.

- *Estudia actualmente*: se consideran aquí personas que participan en algún programa de estudios regular: escuela, instituto, universidad u otro, al momento de la entrevista.

- *Educación*: si la persona estudia actualmente, se debe indicar el nivel educacional que está cursando, y en caso contrario se debe indicar el último nivel educacional alcanzado.

- *Ocupación*: si la persona tiene más de una ocupación, primará aquella a la que le dedique más tiempo. Los tipos de ocupación a considerar pueden ser:
  - o Trabajador independiente.
  - o Empleado.
  - o Obrero.
  - o Personal de servicio.
  - o Trabajador ocasional.
  - o Estudiante.
  - o Jubilado.
  - o Cesante.
  - o No trabaja

- *Ingreso líquido mensual*: corresponde al ingreso líquido del encuestado; se debe consultar en lo posible el valor y no un rango. Posteriormente el ingreso familiar se calcula como la suma de los ingresos de todos sus miembros.

- *Número de visita*: corresponde al número de visitas realizadas hasta que se contactó al entrevistado.

- *Número de retiro*: corresponde al número de intentos de retiro hasta que el entrevistado fue contactado para llenar o entregar la información de la Parte II de la encuesta.

- *¿Efectuó Viaje?*: en caso de que la persona encuestada no haya salido de su hogar el día de viaje asignado, debe dejarse constancia aquí.

En la siguiente figura se presenta una hoja de ejemplo para recopilar la información acerca de los miembros del hogar.

Encuesta Domiciliaria

en el Municipio de Torrelavega

4. INFORMACIÓN SOBRE LAS PERSONAS DEL HOGAR

1. Nombre de pila o identificación de la persona

2. Sexo

☐ Varón
☐ Mujer

3. Edad

3. Parentesco respecto al cabeza de hogar

☐ Cónyuge
☐ Hijo
☐ Otro pariente
☐ Amigo
☐ Empleado
☐ No existe

4. ¿Dispone de carné de conducir?

☐ Sí
☐ No

5. Nivel de estudios

☐ No tiene
☐ EGB, ESO
☐ Bachillerato, BUP, COU
☐ Formación profesional
☐ Universitario

6. Si dispone de título profesional indique cual.

7. ¿A qué se dedica actualmente?

Trabajador activo

☐ Jornada completa
☐ Jornada parcial
☐ Ocasional

Estudia

☐ Colegio
☐ Instituto
☐ Universidad
☐ Otro

Otros

☐ Labores del hogar
☐ Pensionista
☐ Desempleado
☐ Otro

8. Ingreso individual

☐ <600 €
☐ 600-1200 €
☐ 1200-2500 €
☐ >2500 €

ENCUESTA DOMICILIARIA

Figura 5-4: Hoja encuesta características del los miembros del hogar

5.3.6   Información de viajes

En esta hoja se debe registrar todos los viajes efectuados por cada uno de los integrantes del hogar. Para esto se debe utilizar como apoyo las Hojas de Registro General de Actividades y Viajes que el integrante debe llenar durante el o los días asignados. En caso de una entrevista personal es importante revisar junto a la persona todas las actividades efectuadas durante dicho día, desprendiendo de esta información todos los viajes realizados. En caso de utilizar un formulario de auto-llenado, es importante aleccionar a los encuestados a fin de obtener correctamente la información requerida. La Hoja de Viajes debiera capturar la siguiente información:

- *Fecha*: correspondiente al día de viaje asignado.
- *N° de Hogar*: indicar el mismo folio asignado en la encuesta de identificación general.
- *Viajero*: identificación del viajero; corresponde al código de identificación de personas asignado al viajero en la anterior de la encuesta.
- *Viaje N°*: número correlativo del viaje realizado por un mismo viajero.
- *Viaje mayor que 300 metros*: indicar si el viaje considera un desplazamiento mayor a 300 metros.
- *Hora de partida*: registrar la hora con la mayor exactitud posible; se sabe que al contestar esta pregunta la mayoría de las personas tiende a aproximar al cuarto de hora más cercano.
- *Origen*: identificar el lugar de origen del viaje indicando la dirección de la forma más detallada posible y en lo posible la esquina más cercana a ese lugar.
- *Propósito del viaje*: corresponde al motivo por el cual el encuestado realizó su viaje. Cada viaje que se registre debe tener un solo propósito. Los siguientes pueden ser los propósitos de viaje a considerar:
  - Volver a casa.
  - Al trabajo.
  - Por trabajo.
  - Trasladar carga.
  - Dejar/buscar a alguien.
  - Estudiar.

- o Comer algo.
- o Comprar.
- o De salud.
- o Social.
- o Tramites.
- o Otros.

- *Medios de locomoción utilizados*: se debe indicar la forma en que se realizó el viaje, es decir si se hizo sólo caminando o utilizando uno o más medios de transporte. Si se combinó varios medios de transporte, se debe descomponer el viaje en cada una de sus etapas, registrando en cada caso:
  - o Medio de transporte utilizado.
  - o Tarifa pagada: Si el modo es auto como chofer, se debe registrar el coste de estacionamiento.
  - o Zona, parada y/o esquina más cercana al lugar donde terminó el recorrido en ese medio de transporte.
  - o Distancia caminada: entre el origen y el punto en que abordó el medio de transporte, o desde que abandonó el medio de transporte hasta el destino, o hasta que abordó el próximo medio de transporte (en caso de un transbordo).
  - o Zona, parada y/o esquina más cercana al lugar donde comenzó el recorrido en el siguiente medio de transporte o al lugar de destino si se trata de la última etapa del viaje.
  - o Además es muy importante obtener información sobre el conjunto de elecciones de modo de transporte que tenía el encuestado para el viaje completo. Una forma de hacerlo es preguntar qué modos (de una lista previamente establecida) no tiene disponible y por qué.

- *Hora de llegada al destino*: registrar la hora con la mayor exactitud posible.

- *Destino*: identificar el lugar de destino del viaje indicando la dirección de la forma más detallada posible y en lo posible la esquina más cercana a ese lugar.

- *Frecuencia con que se realiza el viaje*: Esta variable es importante especialmente para la estimación de modelos de uso de suelo.

En la Figura 5-5 se presenta una hoja de información de viajes.

Encuesta Domiciliaria

en el Municipio de Torrelavega

INFORMACIÓN SOBRE LOS VIAJES REALIZADOS

1. Nombre de pila o identificación de la persona

2. Día del viaje

3. Detalle todos los viajes realizados, siempre que el desplazamiento supere los 300 metros del recorrido (Una hoja para cada miembro del hogar)

Nº ORDEN DEL VIAJE	ORIGEN Y DESTINO DEL VIAJE (Todo desplazamiento de distancia mayor a 300 metros es considerado como viaje)		MOTIVO DEL VIAJE (Completar con los números correspondientes) 1 CASA 2 TRABAJO 3 GESTIONES POR TRABAJO 4 ESTUDIOS 5 COMPRAS 6 SANIDAD 7 ASUNTOS PERSONALES 8 OCIO 9 OTROS	HORA DE INICIO DEL VIAJE (DE 0 A 24 HORAS)	HORA DE FIN DEL VIAJE (DE 0 A 24 HORAS)	MODO DE TRANSPORTE UTILIZADO 1 A PIE 2 BICICLETA 3 MOTO 4 AUTOMÓVIL (CONDUCIENDO) 5 AUTOMÓVIL (ACOMPAÑANTE) 6 TAXI 7 AUTOBÚS 8 TREN (RENFE) 9 TREN (FEVE)
	LUGAR DE ORIGEN	LUGAR DE DESTINO				
1	C/_____ Nº_____ LOCALIDAD_____	C/_____ Nº_____ LOCALIDAD_____	DE___ A___	HORA___ MIN___	HORA___ MIN___	1☐ 2☐ 3☐ 4☐ 5☐ 6☐ 7☐ 8☐ 9☐
2	C/_____ Nº_____ LOCALIDAD_____	C/_____ Nº_____ LOCALIDAD_____	DE___ A___	HORA___ MIN___	HORA___ MIN___	1☐ 2☐ 3☐ 4☐ 5☐ 6☐ 7☐ 8☐ 9☐
3	C/_____ Nº_____ LOCALIDAD_____	C/_____ Nº_____ LOCALIDAD_____	DE___ A___	HORA___ MIN___	HORA___ MIN___	1☐ 2☐ 3☐ 4☐ 5☐ 6☐ 7☐ 8☐ 9☐
4	C/_____ Nº_____ LOCALIDAD_____	C/_____ Nº_____ LOCALIDAD_____	DE___ A___	HORA___ MIN___	HORA___ MIN___	1☐ 2☐ 3☐ 4☐ 5☐ 6☐ 7☐ 8☐ 9☐
5	C/_____ Nº_____ LOCALIDAD_____	C/_____ Nº_____ LOCALIDAD_____	DE___ A___	HORA___ MIN___	HORA___ MIN___	1☐ 2☐ 3☐ 4☐ 5☐ 6☐ 7☐ 8☐ 9☐
6	C/_____ Nº_____ LOCALIDAD_____	C/_____ Nº_____ LOCALIDAD_____	DE___ A___	HORA___ MIN___	HORA___ MIN___	1☐ 2☐ 3☐ 4☐ 5☐ 6☐ 7☐ 8☐ 9☐
7	C/_____ Nº_____ LOCALIDAD_____	C/_____ Nº_____ LOCALIDAD_____	DE___ A___	HORA___ MIN___	HORA___ MIN___	1☐ 2☐ 3☐ 4☐ 5☐ 6☐ 7☐ 8☐ 9☐
8	C/_____ Nº_____ LOCALIDAD_____	C/_____ Nº_____ LOCALIDAD_____	DE___ A___	HORA___ MIN___	HORA___ MIN___	1☐ 2☐ 3☐ 4☐ 5☐ 6☐ 7☐ 8☐ 9☐

Figura 5-5: Hoja encuesta información de viajes

5.3.7   Hoja de registro de actividades y/o viajes

Estos formularios se utilizan como apoyo para el llenado de las Hojas de Viajes, con el fin de que el viajero registre información clave acerca de sus viajes que le permita el mejor registro de sus movimientos, pueden estar basados en etapas de viajes, los viajes mismos o en actividades, las más comunes son los 2 últimos. En el caso del registro de actividades la idea es que se indiquen todas las actividades realizadas durante la jornada, empezando por aquella con la cual el entrevistado comenzó el día. Este formulario debe contener los siguientes datos: nombre de pila del viajero, fecha del día de viaje asignado y actividades realizadas durante ese día. Por otra parte en el registro general de viajes se deben enumerar todos los viajes asociados a las actividades antes señaladas, incluyendo hora de inicio y término, y otras características específicas del viaje que permitan recordarlo fácilmente, como el medio de transporte y el propósito.

El tipo de registro a usar, ya sea de viajes o actividades dependerá de muchos factores, entre los cuales se encuentran objetivos del estudio, presupuesto, factibilidad, resultados de la encuesta piloto, entre otros. Pero de acuerdo a estudios realizados se puede concluir (Stopher, 1992):

- Al parecer los diarios de actividades pueden capturar de mejor forma los viajes no basados en el hogar.
- La tasa promedio de viajes por persona y hogar, usando diario o registro de actividades es mayor que usando registro de viajes.

El problema es que muchas veces los diarios de actividades son considerados más intrusivos por los encuestados en comparación con los diarios de viajes.

5.3.8   Recordatorios para el hogar

Son una serie de avisos por correo y/o recordatorios gráficos con el fin de que el encuestado recuerde llenar los viajes.

En los casos de encuestas por correo, muchas veces es necesario enviar una serie de correos con el fin de recordar a aquellos hogares que han llenado la encuesta pero no la han enviado, realzar la importancia de la encuesta y la participación del hogar en todo el proceso, proveer a los hogares de otra oportunidad de llenar la encuesta, ya sea asignándole otro día de viajes o invitándolos a contactarse con los miembros de la encuesta mediante correo normal, e-mail, teléfono, etc.

Los recordatorios gráficos o ayuda memoria pueden ser importantes al momento de mejorar la calidad de la información reportada, ya que muchas veces los individuos tienden a rellenar el registro de viajes o actividades al principio o al final del día, por lo que a veces se acompaña la encuesta con una hoja para anotar los aspectos más importantes, que ayuden a posteriormente completar la información de viajes y/o actividades en las hojas definitivas, pero hay que tener precaución, porque esto puede cansar al encuestado y puede provocar que llene solo el ayuda memoria. Estos recordatorios pueden ser también simples magnetos para, por ejemplo, la nevera, con el objeto de recordar al encuestado rellenar el diario.

Una vez completada la encuesta y recibida en el caso de encuestas por correo, puede ser importante dejar una carta de agradecimiento en el hogar, con el fin de legitimar aún más el proceso y hacerle notar a los encuestados que su información es importante. Si bien, esto puede encarecer el proceso, hay que tenerlo en cuenta, ya que puede tener ventajas y ser importante para futuros esfuerzos de planificación.

5.4   Tareas previas a la ejecución de la encuesta

Ante de la ejecución de la encuesta en terreno, es importante definir y probar la validez de los formularios y los diseños definidos a través de una encuesta piloto o pretest, además es importante desarrollar una estrategia publicitaria con el fin de captar la atención de los individuos y permitir la recolección de información. Por otra parte ser importante definir si se utilizaran incentivos para participar en la encuesta, cómo se traducirán estos, si se entregaran a cada hogar, entre otras cuestiones.

5.4.1   Encuesta piloto

Como se ha mencionado ya, es importante testear algunos o todos los elementos de la encuesta mediante un pretest o encuesta piloto, con el fin de determinar si la encuesta funcionara y producirá resultados esperados, identificar fortalezas y debilidades, probar distintos tipos de encuestas o métodos de recolección, entre otros objetivos.

En general una encuesta piloto corresponde a llevar a la práctica todo el proceso de la encuesta, escogiendo un subconjunto de la muestra total, llevando a cabo la encuesta, codificando la información y haciendo análisis de esta. En tanto, el <u>pretest</u>, corresponde a probar algún elemento de la encuesta o un grupo de ellos para probar distintas alternativas para ellos.

Muchas veces la encuesta piloto es fundamental para lograr los objetivos propuestos, haciendo los cambios pertinentes antes de que sea muy tarde en el proceso de implementación. Como se mencionó en la sección 2.2.5 la encuesta piloto y los pretest serán importantes ya que:

- Permite refinar el trabajo de campo y el sistema logístico de la encuesta.
- Permite probar los cuestionarios, la secuencia, el lenguaje y el formato.
- Es posible comparar distintas alternativas para conseguir determinada información.
- Se puede identificar respuestas no esperadas y ciertos comportamientos de los individuos al momento de responder.
- Permite capacitar a los entrevistadores.
- Provee una base para estimar los costes de la encuesta.
- Permite determinar el diseño más efectivo.
- Se puede estimar el tiempo en que se tarda en llenar el cuestionario.
- Se pueden hacer estimaciones preliminares de la varianza de las variables claves que pueden ayudar a re-estimar el tamaño muestral.

Se pueden distinguir 3 etapas dentro del proceso:

- **Encuesta piloto interna**: en esta etapa la encuesta es revisada por expertos que no están directamente involucrada en la encuesta, con el fin de revisar los procesos, el cuestionario y las preguntas específicas a realizar.

- **Revisión de los cuestionarios**: Es importante que el cuestionario sea probado con gente no experta en el tema, ya que a veces el lenguaje conocido por unos no lo es para otros, sobre todo en lo referido a términos de planificación de transporte. Por lo tanto, en esta etapa se debe asegurar que los entrevistados responden de una manera consistente. Además se les pide a quienes responden el pretest que describan cualquier problema o confusión que puedan encontrar. Últimamente se han vuelto muy populares los grupos focales, en donde un grupo de individuos son guiados por un analista para determinar las fortalezas y debilidades de la encuesta. Esto permite analizar directamente el comportamiento de los usuarios a las distintas preguntas del cuestionario. En las encuestas en que los entrevistadores interactúan con los miembros del hogar, la encuesta piloto o el pretest debe incluir el escuchar a los entrevistadores para determinar cómo interactúan con los encuestados potenciales, como manejan la encuesta y que posibles causas puede generar el cuestionario u otros ítems de la encuesta. Basado en esta etapa los planificadores pueden incluso determinar re-formular el cuestionario y volver a realizar el grupo focal.

- **Encuesta piloto en terreno**: finalmente la encuesta piloto puede ser realizada en terreno, seleccionando una sub-muestra pequeña para poner a prueba la implementación en terreno y el procesamiento de los datos, tanto de la geocodificación de estos, como el análisis de las respuestas. Para no comprometer la encuesta principal, la muestra debe ser escogida en lo posible de los hogares no incluidos en la muestra principal, en ningún caso la muestra debe ser inferior a los 30 hogares o respuestas completas, pero pueden surgir problemas cuando lo que se está probando son las tasas de respuesta, por lo que en ese caso será necesario escogerla del conjunto de hogares seleccionados inicialmente.

Sin duda algunos aspectos del proceso de la encuesta piloto serán distintos a los de la encuesta real, pero permitirán medir en terreno los esfuerzos por recolectar la información de una encuesta y compararlos con los previstos en la etapa de planificación, de tal forma de poder evaluar aquellos que han costado más en términos monetarios o de tiempo.

Con respecto al cuestionario se recomienda revisar los siguientes aspectos (ver Richardson et al. 1995):

- ¿Las instrucciones han sido leídas y seguidas?
- ¿Son claras las definiciones? ¿existen mal interpretaciones por parte de los entrevistados y los encuestadores?
- ¿Son claras las preguntas?, ¿existe alguna señal de que no se ha entendido alguna pregunta?
- ¿La ayuda proporcionada ha sido utilizada por los encuestados? ¿Han ocupado los medios disponibles para resolver sus dudas?
- ¿Las respuestas obtenidas indican algún problema? ¿Se han obtenido muchos "No se" por respuesta?
- ¿Hay evidencia de que el cuestionario es muy largo?
- ¿Es clara la secuencia de las preguntas?

5.4.2 Publicidad

Uno de los aspectos de mayor incidencia en la obtención de los datos es la aceptación de la encuesta por parte de los usuarios, por lo que se debe considerar el diseño e implementación de una campaña publicitaria que apoye el trabajo de los encuestadores en terreno, disponiendo positivamente a los encuestados y despertando simpatía de la comunidad en general hacia el proyecto. La experiencia reportada sobre encuestas domiciliarias demuestra que, en general, las personas son reacias a responder este tipo de encuestas, más aún si el tiempo requerido para ello es alto. De ahí la importancia de sensibilizar e informar a la población respecto a la relevancia de responder en forma adecuada la encuesta, ya que ello debiera contribuir a mejorar su calidad de vida. Asimismo, es importante indicar que es necesario que las autoridades relacionadas conozcan la realización del estudio, para que faciliten la difusión del mismo en su ámbito de acción y apoyen el desarrollo del trabajo en terreno. Además la tarea de publicidad puede permitir:

- Entregar seguridad y confianza a los encuestados, ya que existe una institución seria que respalda el proceso y un equipo de trabajo especialmente dedicado a la recolección de información; así, las personas pueden confiar tanto en la confidencialidad del manejo de la información entregada como en la organización a quién se la entregan.
- Entregar seriedad y, por lo tanto, credibilidad al estudio y al proceso de recolección de información. La disposición de material exclusivo del proyecto respalda al encuestador.
- Disponer de formularios de encuesta diseñados para favorecer la correcta utilización por parte de todos los usuarios (encuestadores, encuestados, digitadores y analistas).
- Disminuir el número de rechazos, dando mayor confianza en la importancia y utilidad de la encuesta, la preservación del anonimato y privacidad, los costes/demoras al entrevistado, etc.
- Mejorar la calidad de las respuestas

Por otra parte es importante desarrollar una campaña de difusión de la encuesta destacando la realización y consideración de:

- *Actividades*: se debe realizar actividades de difusión específicas, como conferencia de prensa describiendo el estudio, participación en programas de radio, aparición en prensa escrita y televisión, dependiendo de la contingencia local, reuniones con grupos de ciudadanos y autoridades.
- *Material de apoyo a la encuesta*: es fundamental que tanto la encuesta como el material de apoyo al trabajo en terreno mantenga la imagen definida para el

proyecto (tipo de letra, logotipo, colores). Además se pueden entregar de volantes, caramelos, etc., en puntos estratégicos de la ciudad.

- **Informativos**: es importante disponer de medios de información a la ciudadanía y para los encuestados, tales como una página web, teléfono de respuestas, otros.

5.4.3 Incentivos

Muchas veces se ofrecen incentivos para motivar a los encuestados a responder la encuesta, entre los que se cuentan:

- *Dinero*: se entrega junto con la encuesta.
- *Promesa de dinero*: se promete una suma de dinero a cambio de la encuesta completa.
- *Regalos*: se entrega algún regalo junto con la encuesta.
- *Promesa de regalo*: se promete algún tipo de regalo si la encuesta completa es entregada.
- *Sorteo*: se incluye a los hogares participantes en un sorteo.
- *Contribución de caridad*: se les informa a los participantes de la encuesta que gracias a su participación, se donara cierta cantidad de dinero a una fundación de caridad.

Es difícil hacer generalizaciones sobre el uso de los incentivos, ya que su utilidad depende mucho de la idiosincrasia presente en el área de estudio (por ejemplo en la encuesta realizada por el Grupo de Investigación de Sistemas de Transportes de la Universidad de Cantabria en Torrelavega, los ciudadanos no estaban dispuestos incluso a recibir el premio, por lo que una parte importante de la prueba piloto es también determinar qué tipo de incentivo, si lo hay, es el más adecuado).

De todas formas al parecer tiende a existir evidencia a favor de que los incentivos ayudan a mejorar la tasa de respuesta, por lo que habrá que contrarrestar este factor con el aumento de costes de la encuesta.

La experiencia con incentivos monetarios es que no es necesario que sean sustanciales; básicamente debieran ser una especie de gesto de aprecio por el esfuerzo del encuestado. De hecho, incentivos mayores (especialmente en la forma de promesa) pueden interpretarse como intento de pago por el tiempo gastado en llenar el cuestionario y producir rechazo por considerarse insuficientes. Por ejemplo, se ha demostrado que el pago directo (por participar) no sólo es el incentivo que mejora las tasas de respuesta de manera más consistente, sino que es considerado como el produce menos sesgo y es más simple de implementar (pero puede ser muy caro dependiendo del volumen de encuestas). Es interesante destacar que aparte de incentivos, existe una serie de otros elementos que ayudan a mejorar las tasas de respuestas y que han tenido buenos resultados entre ellos cabe mencionar:

- Personalizar los materiales de la encuesta para cada encuestado, cuando sea posible.
- Tener una dirección de retorno que corresponda a alguna agencia estatal u otra organización pública, más que a una firma privada o consultora.
- Proveer elementos que aseguren anonimato en las encuestas.
- Describir los materiales de la encuesta, la importancia de ésta y el rol del encuestado dentro del proceso.

5.5 Trabajo en terreno

Independiente de todos los esfuerzos puestos en las tareas preliminares de planificación y diseño, el trabajo en terreno es un aparte fundamental de todo el proceso de la encuesta, ya que de esta etapa depende gran parte del éxito del proceso, encuestadores mal capacitados, deficiencias en la entrega de los formularios, etc. pueden invalidar todas las tareas previas y la encuesta tendrá deficiencias en términos de tareas, objetivos y presupuesto, lo mismo sucede sin embargo si existen deficiencias en la etapa de planificación y diseño, pues lo más probable es que la implementación en terreno sea muy deficiente.

Para planificar un adecuado trabajo en terreno hay que tener en consideración, primeramente, los aspectos temporales y espaciales de la muestra, es decir los aspectos relacionados a cuantas encuestas se realizaran, durante cuánto tiempo y en qué lugar geográfico, lo que dependerá obviamente de los objetivos de estudio, el área de estudio, el método de encuesta, entre otros aspectos.

En relación con los aspectos temporales, un problema que se presenta en terreno tiene que ver con el tratamiento de fechas u horas inoportunas para efectuar la encuesta por ejemplo en el caso de entrevistas personales. En efecto, días tales como Navidad, Año Nuevo y Fiestas Patrias deben ser encuestados aun cuando los encuestadores no trabajen durante ellos. En general es recomendable agruparlos para su análisis y se habla de comportamiento respecto a viajes en días especiales. Otro caso difícil es cuando ocurren eventos tales como matrimonio, funeral o fiestas familiares. La norma en estos casos es no asignar tales fechas como día de entrevista para la familia, lo cual puede producir algunos problemas con la capacidad de recordar lo sucedido el día de viaje. Finalmente los encuestadores deben estar lo suficientemente bien entrenados como para no intentar realizar entrevistas en horas en las cuales no serán bien recibidos, aumentando notablemente la tasa de rechazos.

Con respecto a los aspectos espaciales, las dificultades en terreno, producto del área de estudio definida, se refieren principalmente al alto coste en recursos que implica tomar la encuesta simultáneamente en todas las zonas de la ciudad. Para paliar en parte este problema, se recomienda agrupar las encuestas a tomar a la semana en cada zona, en el sentido de realizarlas por ejemplo de Lunes a Miércoles en la semana 1, de Jueves a Domingo en la semana 2, etc., alternando estos días en cada zona (de modo que en cada semana se efectúen encuestas de Lunes a Domingo).

Las características de calidad y cantidad de los recursos de infraestructura material y humana necesarios para aplicar una encuesta domiciliaria difieren claramente al variar el período de toma de la encuesta. Aparecen o desaparecen economías de escala, disminuyen algunos riesgos y otros aumentan; para algunos factores aparecen nuevas posibilidades de tratamiento, otros se hacen inmanejables en terreno y deben ser resueltos en otras etapas de la encuesta (diseño, procesamiento, modelación, etc.)

Con respecto a los recursos materiales, estará fuertemente determinado por el tipo de encuesta a realizar, la duración del estudio, el número de encuestas, entre otros, ya que por ejemplo no será lo mismo el arriendo mensual de algún centro de operación por 3 meses que por un año, tampoco será lo mismo la impresión de gran cantidad de formularios de una vez que en forma parcelada. En tanto, en relación con los recursos humanos sucede algo similar, está fuertemente determinado por las características específicas de la encuesta, sobre todo en lo que respecta al tipo de contrato.

Con respecto al manejo de los trabajadores involucrados en la encuesta es muy importante capacitarlos, enseñándoles su trabajo y recordando constantemente los aspectos básicos de su labor. Por otra parte es importante realizar reuniones informativas acerca de las tareas específicas que tendrá que realizar cada uno. La capacitación del personal de terreno debiera cumplir los siguientes objetivos:

- Comunicar al personal de terreno los objetivos y la importancia que tiene el estudio para la ciudad y sus habitantes.
- Familiarizarlos con los conceptos que deben manejarse en la encuesta: hogar, viaje, etapa, origen, destino, modo, etc.
- Prepararlos para un correcto y rápido desarrollo de la encuesta y llenado de formularios, incluso desde el primer día.
- Entregarle las herramientas para manejar casos complejos como personas ausentes durante el día de viaje, viajes fuera de la ciudad, etc.
- Entregarle herramientas para el manejo del rechazo a que se verán enfrentados por parte de los encuestados.
- Familiarizarlos con los procedimientos administrativos del proceso de obtención de datos.

Por último como ya se mencionó con anterioridad, es sumamente importante tener un constante control de los resultados parciales de la encuesta, verificando el correcto desempeño de los entrevistadores (de tratarse de encuestas con entrevistas), la correcta entrega de los formularios, y el correcto llenado de estos.

5.6   Procesamiento computacional

Dado el complejo proceso interno que lleva consigo la realización de encuestas de movilidad es necesario definir la forma en que se registrara computacionalmente la información. Para asegurar el correcto procesamiento computacional de la información hay que considerar el tener un equipo estable de trabajo para la recolección de la información. Esto presenta grandes ventajas ya que permite tener un conjunto de personal altamente capacitado, y por lo mismo debiera tenderse a consolidar un conjunto de personas para las cuales resulte de interés el considerar a la actividad como un trabajo estable. Esta mejor capacitación técnica hace aún más interesante la proposición de recabar la información directamente en computadores personales o por ejemplo en PDAs, incluyendo la codificación directa de las coordenadas geográficas de origen y destino.

Como se trató en la sección 2.2.7 una vez obtenida la encuesta, el proceso por el cual las respuestas de los encuestados se transforman en información utilizable, consta de 3 etapas:

- El encuestado o el entrevistador registra la respuesta.
- El codificador convierte la respuesta en un código específico.
- El digitador ingresa la respuesta específica en una base de datos.

En este proceso los formularios llenados son recibidos por el equipo correspondiente, el cual, basándose en una guía de códigos, predefinidos, asigna un código respectivo a cada respuesta de la encuesta. Un caso de especial importancia es la geocodificación de los viajes, esta debe ser lo más desagregada posible, en preferencia un punto en el espacio, para esto, se puede contar con el apoyo de software específicos. En lo posible la codificación debe ser consistente a lo largo del tiempo y en concordancia con la utilizada en otros estudios.

Una vez ingresada la información en la base de datos, se deben realizar revisiones sistemáticas con el fin de identificar posibles problemas. Dentro de las tareas que se pueden realizar se incluyen:

- Corregir posibles errores en la codificación de los datos, ya sea de registros incompletos, datos mal ingresados o inconsistencia.
- Validar las respuestas de la encuesta.
- Aplicar técnicas analíticas para reducir la no-respuesta en algunos ítems.

Considerando la digitación de la información recopilada mediante las encuestas, aparte de la verificación de que todos los elementos de la encuesta hayan sido ingresados, o se encuentren en rangos de valor correcto (tanto valores con significado como de no-respuesta), la validación de la digitación de una encuesta se encuentra íntimamente ligada con la estructura de la misma, que en este caso tradicionalmente se divide en consultas a tres instancias: hogar, persona y viaje.

La situación anterior fuerza la necesidad de verificaciones cruzadas entre estos elementos, como agregar a los datos del hogar cuántas personas fueron encuestadas, para su posterior verificación con el número de encuestas a personas, ocurriendo lo mismo con las personas y sus viajes (si efectuó o no viajes y el número de viajes que realizó). Estas verificaciones aumentan el número de preguntas de la encuesta, pero como se trata de verificaciones, el encuestador las puede llenar sin hacerle consultas extras al entrevistado.

Otra verificación muy útil es buscar encuestas cuyas llaves no tengan relación con encuestas relacionadas, por ejemplo personas cuyo número de hogar esté mal digitado o cuyo identificador de viajero sea mayor que el número de entrevistados de ese hogar.

5.7   Corrección y expansión de los datos

Las correcciones en la encuesta tienen como objetivo garantizar que las distribuciones de tamaño del hogar, sexo, edad, entre otros, sean iguales en la muestra y en la población.

Para corregir la encuesta a hogares y así obtener las distribuciones poblacionales se puede aplicar un método biproporcional (Ortúzar y Willumsen, 2001) de tal forma de garantizar además la expansión de la muestra, es más, converge en pocas iteraciones. El procedimiento es el siguiente:

- Categorizar la información de la muestra y de la población de acuerdo a tamaño del hogar, sexo y edad. La información de la muestra se obtiene de la encuesta realizada y la de la población del I.N.E o del censo por ejemplo. Es necesario mencionar, que para el caso de la información poblacional solo se requiere los totales de cada categoría.

- Calcular el total de filas para cada categoría, es decir, el número de personas para cada tamaño de hogar.

- Calcular el total de columnas para cada categoría, es decir, el número de hombres y mujeres en cada rango de edad.

- Calcular el factor de corrección por fila de la forma: $\dfrac{Total\ fila\ Población}{Total\ fila\ Muestra}$.

- Aplicar el factor de corrección a las categorías correspondientes.

- Calcular el factor de corrección por columna de la forma: $\dfrac{Total\ columna\ Población}{Total\ columna\ Muestra}$.

- Aplicar el factor de corrección por columnas a la categoría correspondiente.

- Parar cuando los factores de corrección en fila y columnas sean cercanos a 1.

A continuación se presenta de modo de ejemplo la corrección preliminar para las encuestas de Torrelavega (realizadas el mes de mayo por el Grupo de Investigación de Sistemas de Transportes de la Universidad de Cantabria). La Tabla 5-5 muestra la distribución de tamaño de hogar, sexo y edad en la muestra, en tanto la Tabla 5-6 muestra la distribución poblacional.

Tamaño familiar	Hombres					Mujeres					Total
	0-14	15-29	30-44	45-59	>60	0-14	15-29	30-44	45-59	>60	
1	0	5	13	6	17	0	1	13	9	73	137
2	0	33	48	58	113	2	41	54	66	150	565
3	36	60	71	66	60	21	63	76	88	63	604
4 o más	93	123	87	108	36	62	102	95	111	53	870
Total	129	221	219	238	226	85	207	238	274	339	2.176

Tabla 5-5: Distribución de variables en la muestra

Tamaño familiar	Hombres					Mujeres					Total
	0-14	15-29	30-44	45-59	>60	0-14	15-29	30-44	45-59	>60	
1	0	164	323	207	374	0	104	217	230	1.549	3.168
2	88	568	853	623	2.294	90	707	831	880	2.756	9.690
3	846	1.352	1.886	1.415	1.319	774	1.409	1.916	1.589	1.405	13.911
4 o más	2.321	4.421	2.889	3.071	1.317	2.225	4.069	3.301	2.985	1.502	28.101
Total	3.255	6.505	5.951	5.316	5.304	3.089	6.289	6.265	5.684	7.212	54.870

Tabla 5-6: Distribución de variables en la población

Calculados los totales por fila en la primera iteración, se estima los factores de corrección por filas y columnas. Para el caso de tamaño familiar 1, el factor de corrección será $\frac{Total\ fila\ Población}{Total\ fila\ Muestra} = \frac{3.168}{137} = 23,12$, después de aplicar todos los factores de corrección por filas (Tabla 5-7), se calcula el factor de corrección por columnas para cada categoría, que en el caso de la categoría hombres entre 0-14 años será $\frac{Total\ columna\ Población}{Total\ columna\ Muestra} = \frac{3.255}{3.833} = 0,85$. El resto de los resultados se presentan en las siguientes tablas.

Tamaño familiar	Hombres					Mujeres					Total	Factor
	0-14	15-29	30-44	45-59	>60	0-14	15-29	30-44	45-59	>60		
1	0	116	301	139	393	0	23	301	208	1.688	3.168	23,12
2	0	566	823	995	1.938	34	703	926	1.132	2.573	9.690	17,15
3	829	1.382	1.635	1.520	1.382	484	1.451	1.750	2.027	1.451	13.911	23,03
4 o más	3.004	3.973	2.810	3.488	1.163	2.003	3.295	3.069	3.585	1.712	28.101	32,30
Total	3.833	6.036	5.569	6.142	4.876	2.521	5.472	6.046	6.952	7.424	54.870	-

Tabla 5-7: Aplicación factor de corrección por fila (primera iteración)

Tamaño familiar	Hombres					Mujeres					Total
	0-14	15-29	30-44	45-59	>60	0-14	15-29	30-44	45-59	>60	
1	0	125	321	120	428	0	27	312	170	1.640	3.142
2	0	610	880	861	2.108	42	808	960	925	2.499	9.693
3	704	1.489	1.747	1.316	1.503	593	1.668	1.814	1.657	1.410	13.901
4 o más	2.551	4.281	3.003	3.019	1.265	2.454	3.787	3.180	2.931	1.663	28.134
Total	3.255	6.505	5.951	5.316	5.304	3.089	6.289	6.265	5.684	7.212	54.870
Factor	0,85	1,08	1,07	0,87	1,09	1,23	1,15	1,04	0,82	0,97	-

Tabla 5-8: Aplicación factor de corrección por columna (primera iteración)

En la segunda iteración el método tiende a converger y los factores de corrección son cercanos a 1. Los resultados se presentan en las Tabla 5-9 y Tabla 5-10.

Tamaño familiar	Hombres					Mujeres					Total	Factor
	0-14	15-29	30-44	45-59	>60	0-14	15-29	30-44	45-59	>60		
1	0	126	324	121	431	0	27	314	172	1.654	3.168	1,008
2	0	610	879	861	2.107	42	808	959	925	2.498	9.690	1,000
3	705	1.490	1.749	1.317	1.504	593	1.669	1.815	1.658	1.411	13.911	1,001
4 o más	2.548	4.276	2.999	3.016	1.263	2.451	3.782	3.176	2.928	1.661	28.101	0,999
Total	3.253	6.502	5.951	5.314	5.306	3.087	6.286	6.265	5.683	7.224	54.870	-

Tabla 5-9: Aplicación factor de corrección por fila (segunda iteración)

Tamaño familiar	Hombres					Mujeres					Total
	0-14	15-29	30-44	45-59	>60	0-14	15-29	30-44	45-59	>60	
1	0	126	324	121	431	0	27	314	172	1.651	3.165
2	0	610	879	861	2.106	42	808	959	925	2.494	9.686
3	705	1.491	1.749	1.317	1.504	594	1.670	1.815	1.659	1.408	13.911
4 o más	2.550	4.278	2.999	3.017	1.263	2.453	3.784	3.176	2.928	1.658	28.107
Total	3.255	6.505	5.951	5.316	5.304	3.089	6.289	6.265	5.684	7.212	54.870
Factor	1,000	1,000	1,000	1,000	1,001	1,001	1,000	1,000	0,998	1,000	-

Tabla 5-10: Aplicación factor de corrección por columna (segunda iteración)

Al converger se tendrá que los totales correspondientes a filas y columnas en la encuesta a hogares son idénticos a los de la población; por esto el método incorpora implícitamente el factor de expansión.

Es interesante destacar que el método es extensible sin ninguna dificultad conceptual a correcciones por mayor número de factores (método multiproporcional), manteniendo todas sus propiedades.

Es importante señalar que el método no garantiza que los valores de las celdas sean idénticos en la población y en la muestra, ya que en cualquier matriz hay un grado de indeterminación importante, en el sentido que muchas combinaciones de valores de las celdas pueden dar origen a totales de filas y columnas. En particular, debido a su naturaleza multiplicativa, una celda con un cero terminará siempre con valor cero; incluso, ciertas estructuras de matriz especiales (que contengan ceros en algunas posiciones clave) pueden dar como resultado que el método no converja (Ortúzar y Willumsen, 2001).

Otras correcciones adicionales además de las características socio-demográfica y tamaño del hogar son correcciones a datos no reportados, correcciones por no respuesta e imputación de ingreso en los casos en que no exista información.

- *Corrección datos no-reportados*: Los datos no-reportados se refieren a encuestas donde se encuentra que ciertas preguntas no han sido contestadas (incluso en un hogar, personas que no contestan o que sólo entregan su información socio-económica pero no de viajes). En caso de utilizar formularios de auto-llenado es necesario corregir por los ítems de información omitidos. Ello se suele efectuar mediante entrevistas a una muestra de validación, ponderando posteriormente los datos de acuerdo a las proporciones en que se haya omitido la información. En el caso de entrevista personal se considera que los encuestadores estarán bien capacitados y supervisados, por lo tanto este tipo de corrección no se necesita. Por otra parte la información sobre viajes no reportados debe ser verificada sobre la base de algunas variables adicionales a las usadas previamente, tales como edad, nivel educacional y particularmente posesión de licencia de conducir. Esto posibilita la realización de imputaciones en lugar de correcciones, lo que puede ser más adecuado, por ejemplo, en casos como falta de datos sobre el ingreso. Un método de corrección propuesto por Ortúzar y Hutt (1988) para los viajes no reportados (considerando la utilización de diarios de viajes) considera los siguientes pasos:

- o Dividir los hogares en categorías (definidas por ejemplo por Ingreso, motorización y tamaño familiar). El número total de categorías está limitado por la condición de que cada una debe al menos poseer 30 observaciones en la encuesta del diario de viajes, para asegurar que la tasa de viajes media tenga una distribución Normal.

- o Calcular el número medio de viajes por motivo (y su varianza) para cada categoría, tanto para la encuesta O-D como para los datos del diario de viajes. Denominando a las medias como $\bar{X}_a$ y $\bar{X}_b$ y a las varianzas como S_a y S_b respectivamente, se calcula $D = \bar{X}_a - \bar{X}_b$.

- o Hallar la diferencia mínima detectable (d) entre las medias de una cierta variable X en dos muestras con tamaños N_a y N_b para una probabilidad del 80%. El encontrar que su diferencia real (D) es significativa a un nivel del 95%, viene dada por la expresión (Skelton 1982): $d = 2{,}8 \left(\dfrac{S_a}{N_a} + \dfrac{S_b}{N_b} \right)^{1/2}$.

- o Si D > d, la diferencia es significativa. Por ello si la tasa media de viajes en esa categoría es más pequeña en la encuesta O-D que en el diario de viajes, tiene que aplicarse un factor para igualar a la tasa media de viajes de los diarios. Si ocurre lo contrario, no se efectúa ninguna corrección, es decir, el factor es igual a la unidad.

- o Si D $\leq$ d, la diferencia no es significativa, y por tanto no se realiza corrección.

- *Correcciones para no-respuesta*: se refiere a situaciones en que un hogar o individuo no entrega respuestas de ningún tipo, es decir, no se devuelve el instrumento de medición. Esto se puede deber a una variedad de causas, y una de las primeras tareas es tratar de identificar cuál fue la razón de la no-respuesta (vivienda no existe, persona está viajando o enferma, o simplemente no quiere colaborar con la encuesta). En el caso de entrevistas personales se recomienda efectuar la corrección basándose en la cantidad de visitas necesarias para lograr la entrevista, ya que se ha comprobado que la facilidad de contacto está asociada a fuertes diferencias en el comportamiento respecto a viajes. Por ejemplo, las personas que están en su casa al efectuarse la primera visita, son probablemente aquellas que se encuentran allí a menudo (personas jubiladas o que no se pueden mover fácilmente), mientras que aquellas que sólo se logran contactar luego de repetidas visitas son viajeros más frecuentes. Por esto es importante llevar un control sobre el número de visitas requeridas para contactar un hogar.

Para las encuestas de auto-llenado se recomienda efectuar la ponderación usando la cantidad de recordatorios o incluso visitas, necesarias para conseguir la encuesta completa. Esto se debe a que en este tipo de encuesta se ha comprobado que aquellos que responden rápidamente (es decir, al primer envío o al primer recordatorio) viajan de maneras muy distintas a las de aquellos que se demoran en contestar. De hecho, aquellos que responden pronto aparentemente efectúan más viajes que aquellos que responden con más demora. Esto se podría atribuir a la percepción de que la encuesta de viajes está tomando en cuenta las necesidades del viajero ocupado, mientras que es más difícil convencer a una persona jubilada, que viaja poco, del interés que su bajo nivel de viajes pueda tener.

- *Imputación del ingreso*: Para poder determinar un nivel de bienestar adecuado para cada familia, es necesario conocer el nivel de ingreso de cada uno de sus miembros. Desgraciadamente, cuando la gente es encuestada, existen casos en que no entienden la pregunta o no conocen la respuesta. Incluso cuando se les pregunta acerca de su nivel de ingreso, éstas no siempre desean responder, alegando privacidad o seguridad. Se han desarrollado procedimientos para imputar el ingreso personal (o familiar) cuando éste no ha sido reportado. En general, esto se logra relacionando el nivel de ingreso con otras características socioeconómicas de los encuestados que son reportadas con mayor frecuencia, como el nivel de ocupación, nivel de educación, sexo, edad, número de autos en el hogar etc. En este procedimiento se calcula para cada una de estas clases el promedio del ingreso de los casos reportados y luego imputarlo a la clase correspondiente de los casos sin respuesta. Hay que tener cuidado ya que aplicaciones poco cuidadosas de heurísticas de esta naturaleza pueden conducir a sesgos mayores que los que se desea resolver. En particular, se debe testear si las tasas de viaje de los hogares con ingresos imputados corresponden a las observadas para hogares con ingreso en cada categoría.

5.8 Validación

Los datos obtenidos de las encuestas se someten normalmente a tres procesos de validación (Ortúzar y Willumsen, 2001). El primero de ellos consiste en comprobaciones en campo de la coherencia y completitud de los datos. El segundo proceso es una comprobación por ordenador de los rangos válidos para la mayor parte de las variables y en general de consistencia interna de los datos. Una vez que se han completado ambos procesos, se supone que los datos no tienen errores graves.

La validación más importante de los datos, se hace con los datos mismos de la encuesta y no con datos secundarios como los conteos de tráfico sobre líneas pantalla y cordón. La razón es que cada método posee sus propias y particulares distorsiones las cuales pueden engendrar confusión en el proceso de validación. No obstante tradicionalmente se hacen varias comparaciones gruesas, típicamente:

- Comparar el número de viajes que cruza un cordón (distinto del cordón externo de la encuesta de interceptación) o línea pantalla en la ciudad, con conteos en los arcos o puntos naturales que los atraviesen.
- Comparar el número de viajes por modo con información sobre pasajes vendidos o usados diariamente.

- Comparar viajes sobre corredores principales utilizando las matrices que resultan de la encuesta, con conteos independientes.
- Si se utiliza ajuste de matrices es esencial reservar información independiente para validar la matriz final.

Las actuales técnicas de muestreo minimizan estos problemas, pero a pesar de ello siempre es recomendable utilizar datos independientes para averiguar las cifras procedentes de todos los componentes de una encuesta O-D a nivel metropolitano. La comparación objetiva de estas cifras, dado que cada método de encuesta tiene sus puntos fuertes y débiles, hace posible localizar potenciales errores y adoptar entonces, los pasos adecuados para corregirlos. Además, si las matrices tienen que ser ajustadas, es esencial conservar datos independientes para validar los resultados finales. Todo esto requiere buen juicio y experiencia porque, si no se presta la debida atención, es fácil realizar correcciones a las matrices O-D que no corresponden a la realidad.

5.9   Mediciones complementarias

Entre las posibles mediciones complementarias a realizar dentro de las encuestas de movilidad se cuentan: aforos, encuestas a vehículos de carga, recopilar información sobre uso de suelos, catastro de direcciones y medición de niveles de servicio, etc.

5.9.1   Aforos

Este es un elemento clave en el desarrollo de una buena encuesta de viajes, ya que provee información indispensable para el proceso de validación de datos de la encuesta domiciliaria y también datos importantes para la modelación futura, a un coste relativamente marginal.

Un aspecto importante de los aforos es su bajo coste (cuando se usan contadores automáticos) y por lo tanto pueden recolectarse por períodos relativamente extensos.

Esto permite estudiar la variación del tráfico durante la semana y, en algunos sitios, la variación estacional durante todo el año.

Los aforos de tráfico y pasajeros se realizan normalmente con numerosos objetivos a satisfacer. Estos incluyen:

- Análisis de volúmenes para estudiar frecuencia de accidentes.
- Planeación de mantenimiento de carreteras.
- Estimación de capacidad de intersecciones y diseño de semáforos y/o su geometría.
- Estimación de matrices de viaje locales.
- Estudios de contaminación ambiental, mayormente ruido y emisiones.
- Estudios de la evolución del tráfico y de la relación entre tráfico de acceso y pasante en diferentes áreas.
- En el caso de pasajeros para tener una idea de la rentabilidad de líneas de buses y de la demanda potencialmente insatisfecha.
- Para conocer patrones de demanda de metro, tren, bus entre otros modos de transporte público.
- A veces para implementar un fondo de compensación entre diferentes líneas y modos con boletos integrados.
- Para expandir encuestas de interceptación.
- Para validar encuestas a hogares.

5.9.2 Encuestas a vehículos de carga

Es interesante disponer de información sobre el movimiento de la carga que circula en un área y no sólo de los vehículos de carga, particularmente en aquellas áreas de estudio (puerto, por ejemplo) en que su volumen contribuya en forma significativa a la congestión de la red estratégica de la misma.

El tradicional censo de camiones en cordón externo debe ser reemplazado por encuestas a muestras de este tipo de vehículos, no sólo en el cordón externo sino que en cordones internos y líneas pantalla, en forma consistente con las encuestas de interceptación y aforos. En éstas debe preguntarse por el tipo y tonelaje de carga transportada, ya que es posible pensar en políticas futuras que tengan como resultado cambios en la elección del medio de transporte actual: por ejemplo a ferrocarril o, más probablemente en el corto plazo, a camiones de distinto tamaño en ciertas zonas del área en estudio.

5.9.3 Catastro e Información sobre uso de suelos y niveles de servicio

Dado el dinamismo de la ciudad, situaciones como cambio de calles, de rol de viviendas, demolición entre otros, es aconsejable diseñar un mecanismo de reemplazo de direcciones rápido y seguro. Por esta razón se dedicar un esfuerzo importante a la obtención de bases de datos de direcciones actualizadas. Posterior al proceso de encuesta parece una buena medida incorporar esta información capturada en terreno, de forma que se transforme en un dato de entrada para futuras muestras.

Además se debe recopilar información respecto al uso de suelo y su valor comercial, empleo y otros indicadores de atracción de viajes (m^2 de espacio comercial, vacantes estudiantiles, puestos de trabajo)

Una vez que las encuestas son entregadas por los encuestadores, se recomienda que comience inmediatamente un proceso de revisión y completitud de la información recopilada en terreno para detectar errores en la aplicación del instrumento, incongruencias de la información que entrega el encuestado e información relevante que no quede registrada en la encuesta. Posteriormente se debe comenzar la digitalización de los datos y su análisis con el fin de verificar el funcionamiento de las tareas y la distribución de la muestra por si fuese necesario hacer algún cambio.

Por otra parte, una vez obtenidas las redes de transporte público y privado dentro del área de estudio, es importante medir directamente las variables de servicio necesarias para la calibración del modelo de partición modal y las redes. Estas mediciones deben realizarse para todos los arcos considerados y para cada período de modelación. En concreto, debe medirse la variable fundamental de operación: tiempo de viaje en vehículo sobre las redes modales correspondientes o bien según su accesibilidad, coste generalizado de transporte (coste desde el domicilio a la parada, coste de espera, coste de transporte, coste del tiempo en transporte, coste en llegar al punto de destino). Para ellos se puede tomar los estándares de valor del tiempo usuales en España y a nivel de cada arco en los períodos punta y fuera de punta de acuerdo a las metodologías actualmente existentes en el mercado, con especial atención a la velocidad comercial.

5.10   Encuestas continuas

Como se ha mencionado con anterioridad, la tendencia mundial estos últimos años es recopilar información continuamente a través de las encuestas continuas, las que tienen recogen información para cada día de la semana, a lo largo de todo el año, y durante varios años, de tal forma de poder determinar variaciones estaciónales o de fin de semanas, presentando ventajas, tales y como (Ortúzar y Willumsen, 2001):

- La información disponible siempre está actualizada.
- Permite medir las variaciones de la demanda en el tiempo y, en particular, permite correlacionar estos cambios con los cambios en el sistema de oferta.
- Habida cuenta de que los entrevistados sólo informan de los datos relativos a uno o dos días, hace que su tarea sea más simple y fiable, y al mismo tiempo proporciona datos con respecto a un período de tiempo más amplio.
- Comporta costes operativos más bajos pudiendo redistribuir el estudio a lo largo de un año y permite un mejor control de calidad.

Pero a la vez se pueden identificar las siguientes desventajas:

- Puede ser necesario esperar mucho tiempo para obtener la suficiente información requerida.

- Cuando se usan entrevistadores es necesario mantenerlos motivados durante mucho tiempo o establecer procesos de re-entrenamiento.

- Es necesario desarrollar procesos de seguimiento que tengan en cuenta las variaciones estacionales que puedan producirse.

- Por último también es necesario desarrollar ponderaciones para la información de distintos años.

5.10.1 Actualizaciones periódicas de las matrices y de los modelos

Las matrices y los modelos que toman en consideración sistemas de adquisición continua de datos deberían ser puestos al día periódicamente para maximizar el beneficio de poder contar con una información continua eficiente. Sin embargo, aunque sea posible elaborar determinadas matrices parciales de viajes por exigencias particulares, las matrices y los modelos para el área completa de estudio pueden ser puestos al día cada 12-18 meses, en función, evidentemente, del tipo de ciudad a estudio.

5.10.2 Implicaciones sobre la recolección de datos

Puede ser que la puesta al día periódica de matrices origen-destino y modelos tenga efectos sobre la recolección de los datos. Por ejemplo, ¿qué informaciones son más sensibles a la puesta al día? En este contexto, pueden existir varios elementos que merece la pena poner al día periódicamente (Ampt E.S y Ortúzar, 2004):

- Los modelos de generación y atracción de viajes.

- Las matrices O-D que reflejen el crecimiento diferencial de determinadas zonas del área de estudio.

- La distribución o reparto modal, incluyendo los modos no motorizados, los cuales pueden reflejar el posible impacto de diferentes políticas de transportes.

- Los niveles de servicio susceptibles de ser analizados, en diferentes puntos de la red ya que permiten la identificación de crecimientos diferenciados en las redes tanto primarias como secundarias, de acceso y locales.
- Posesión de coche y tendencia de crecimiento de las familias en determinados barrios de las ciudades en los que se hayan detectado notables variaciones.

La disponibilidad de datos adquiridos sobre base continua, permite monitorear el comportamiento de los usuarios con respecto a posibles intervenciones radicales en el sistema de transporte. Algunos ejemplos son: trabajos en los principales viales, huelgas en el transporte, variaciones en el precio del carburante, en las tarifas de los buses y los costes del aparcamiento. La respuesta a tales políticas (previsibles o no tanto) proporciona informaciones de base acerca de los umbrales del comportamiento de los usuarios y crea un banco de datos temporal que debería facilitar el desarrollo de modelos más sofisticados (Ortúzar y Willumsen, 2001).

5.10.3   Tamaño muestral para encuestas continuas

Un desafío final consiste en planear una estrategia de muestreo para encuestas continuas, es decir, a lo largo de varios hitos temporales. En el supuesto de que fuera necesaria una muestra de a 10.000 familias en el primer año para satisfacer las exigencias iníciales de un modelo de una ciudad, una encuesta continua podría tener la siguiente estructura:

1º año	2º año	3º año	4º año	5º año
10.000	3.000	3.000	3.000	3.000

Tabla 5-11 : estructura de una encuesta continua

El hecho de que tras el primer año este método requiera muestras más pequeñas ofrece ciertas ventajas (Ortúzar y Willumsen, 2001):

- La posibilidad de disponer de un equipo correctamente formado y más reducido sobre el terreno.
- Disponer de procesos administrativos más sencillos.

- La calidad de los datos es más elevada y el esfuerzo empleado en la captura de los mismos es menor.
- Se distribuye mejor el presupuesto, ya que se tiene asegurado los fondos para los 4 años.

Por otro lado, para asegurar que estos muestreos sean de fácil utilización en los modelos, este procedimiento requiere el desarrollo de un sistema anual de ponderación e integración de los datos sólido y de simple manejo. Es necesario asegurar que todos los datos al final del año 2 sean representativos del año 2, que todos los datos referidos al final del año 3 sean representativos de dicho año y así sucesivamente. Dicho procedimiento proporciona una representación actualizada de los comportamientos de los usuarios para el modelado y para el cumplimiento de otros objetivos. Además, también proporciona una muestra de tamaño más amplia y eficiente para utilizar en años posteriores (un tamaño de encuesta similar a la del primer año), por ultimo este proporciona toda una serie de informaciones fundamentales en forma de series temporales, como por ejemplo cambios en la estructura del viaje, originados por modificaciones en los niveles de posesión de coche, en la distribución, en los niveles de polución o en la ordenación territorial.

La integración y combinación de los datos del segundo año y posteriores con los del primer año debe realizarse sobre los siguientes cuatro niveles: domicilios, vehículos, personas y viajes. En este sentido es importante considerar tres aspectos (Ortúzar y Willumsen, 2001):

- Elaborar una muestra esmerada que contenga una alta tasa de respuesta para así asegurar que las 10.000 familias del primer año sean representativas de la ciudad; sucesivamente los procedimientos de ponderación y expansión tienen que ser aplicados como más adelante se indica.
- Asegurar que las 3.000 familias en el segundo año sean representativas de la ciudad (espacialmente o sobre todos los parámetros utilizados en el primer año

para la selección de la muestra), para ello será necesario aplicar de nuevo los procedimientos de ponderación.

- Al final del 2º año, la base de datos constará de 13.000 familias pero sólo dispondrá de los datos en barbecho así como de los factores de ponderación.

En ciudades de menor dimensión donde se han producido ciertas variaciones estructurales y de tamaño, puede que no sea necesaria la utilización de una estrategia de muestreo tan compleja, si bien, de ello dependerá la posterior utilización de los datos. Por ejemplo, podría ser apropiada una muestra de datos igual para cada año, en un período de cinco años.

5.10.4   Ponderación para integrar las encuestas continuas

La ponderación para integrar las encuestas continuas son requeridas para unificar cada hito/oleada temporal de la encuesta; en este caso es recomendable proceder como sigue (Ampt E.S y Ortúzar, 2004):

- La ponderación por hogar debe ser realizada para cada variable "importante" (escogidas previamente).
- La ponderación por vehículo se efectúa de modo análogo. Una variable de particular importancia es la edad del vehículo, ya que sin una correcta ponderación parecería como si el parque vehicular no envejeciera.
- La ponderación de las personas debería incluir por ejemplo factores como el ingreso y su nivel de educación.
- La ponderación de los viajes incluye el número de los viajes y el modo, según el mismo procedimiento general de ponderación anteriormente descrito.

De esta forma la información será representativa de la población para cada año de la encuesta.

6. Encuesta de interceptación

Estos tipos de encuestas obtienen información útil sobre viajes que no son reportados en las encuestas domiciliarias (por ejemplo viajes que atraviesan el área de estudio, viajes externos-externos en una encuesta cordón). A menudo estas encuestas constituyen el mejor método para la estimación de matrices de viaje que las encuestas domiciliarias, ya que es posible disponer de una muestra mucho mayor. Los datos obtenidos son también útiles para la validación y la ampliación de la información basada en el domicilio.

Sin embargo, una encuesta en cordón externo no es suficiente para garantizar la obtención de buena información en cuanto a matrices O-D, ya que sólo es capaz de captar viajes que se originan o tienen su destino fuera del área de estudio. Por esto es necesario diseñar otras encuestas (conformando cordones internos, líneas pantalla o sencillamente puntos singulares de la red), a fin de interceptar también los viajes con origen y destino dentro del área de interés.

Las encuestas en la vía pública, requieren siempre preguntar, a una muestra de conductores y pasajeros de vehículos (coches, transporte público, camiones) que cruzan la estación de encuesta, un número limitado de cuestiones, incluyendo al menos el origen y destino del viaje y el motivo del mismo. Son deseables también otras informaciones adicionales, tal y como la edad, el sexo y el nivel de Ingresos, aunque a veces es difícil su obtención. No obstante, si los encuestadores tienen experiencia pueden añadir fácilmente algunos de estos datos a partir de una simple observación del vehículo y sus ocupantes (con las dificultades obvias en el caso de transporte público).

Como se ha mencionado en los capítulos anteriores las encuestas de interceptación son encuestas más breves, realizadas a vehículos privados o a bordo de vehículos de transporte público. Y se pueden identificar principalmente:

- **_Encuestas cordón y a la vera del camino_**: son las más comunes. Se realizan generalmente parando al vehículo y luego entrevistando al conductor o entregándole un formulario que posteriormente deberá devolver por correo. Generalmente estas encuestas se centran en obtener información de un viaje en particular a una hora determinada del día. Se utilizan fundamentalmente para obtener información acerca de origen y destino de viajes que cruza cordones importantes dentro de la ciudad, en algún corredor determinado o para tener datos de viajes internos-externos y externos-externos, además recopila información para validación y para estimar modelos de partición modal y distribución. Por último también se usan para actualizar las matrices de viajes y así ahorrarse los costes correspondientes a realizar nuevas encuestas domiciliarias. Las encuestas principales se llevan a cabo en el cordón exterior, aunque también es posible realizar encuestas en cordones internos. Estas encuestas de interceptación son encuestas muy breves y cortas y, normalmente, vienen a realizarse en puntos "a pie de calle" interceptando los desplazamientos de llegada/salida del área de estudio, por ejemplo, a los conductores de coches en las calles (un buen sitio para una encuesta rápida es aquél en el que el coche ha de parase por obligación: cruces, semáforos, etc.)

- **_Encuestas línea pantalla_**: Se divide el área de estudio mediante líneas de pantalla que delimitan grandes zonas naturales (por ejemplo ambos lados de un río o de una autopista), con pocos puntos de cruce entre dichas áreas. El procedimiento es análogo al de las encuestas cordón y los datos se utilizan también para completar y validar la información proveniente de las encuestas domiciliarias y cordón. Se ha de prestar atención al intentar corregir los datos de la encuesta domiciliaria de esta forma, ya que puede ser difícil establecer comparaciones sin introducir sesgo.

- **Encuestas a bordo de los vehículos de transporte público**: corresponden a encuestas donde se intercepta a los pasajeros a bordo de vehículos de transporte público. Se utilizan fundamentalmente para recopilar información acerca del origen y destino de los viajes y características de los pasajeros, sobre todo en algunas ciudades donde el uso del transporte público es minoritario y por lo tanto difícil de captar en las encuesta a hogares. La información también es utilizada para estimar modelos de elección modal o nuevas facilidades como por ejemplo estaciones intermodales.

La realización de estas encuestas requiere mucha organización y planificación para evitar retrasos innecesarios, garantizar la seguridad y lograr resultados de calidad. La identificación de los mejores lugares, coordinación con la policía local, disposición de señalización y supervisión son elementos importantes para la adecuada realización de estas encuestas (Ortúzar y Willumsen, 2001).

El proceso de encuesta de interceptación es muy similar al de encuestas domiciliarias, donde es posible distinguir las siguientes etapas, que se describen a continuación en forma generalizada:

- Planificación general.
- Definición de los tamaños muestrales.
- Diseño de la encuesta y realización de formularios.
- Selección de los puntos de encuesta.
- Trabajo en terreno.
- Procesamiento computacional.
- Corrección y expansión de los datos.
- Validación.

6.1 Planificación general

Esta etapa puede ser realizada en forma conjunta con la encuesta domiciliaria y no se diferencia en gran medida, sobre todo cuando se usan las encuestas de interceptación en forma complementaria con las encuestas domiciliarias. Habrá que definir cuestiones tales como:

- Los objetivos de la encuesta.
- Principios fundamentales de la encuesta.
- Qué tipo de encuesta utilizar y como diseñarla.
- Posibles tareas a realizar.

Por otra parte se realizan las mismas tareas preliminares que en la encuesta domiciliaria, es decir:

- Zonificación.
- Catastro de direcciones.
- Geocodificación.
- Red vial modelada, rutas de buses, horarios, paradas.
- Identificación de otras fuentes de información, como son otras encuestas, modelos utilizados en otros estudios, etc.

6.2 Definición de los tamaños muestrales

En esta etapa se intenta determinar esquemas y tamaños muestrales que permitan obtener conclusiones razonables.

Con el objeto de completar y validar los resultados de los modelos de demanda de transporte calibrados y alternativamente, proveer de una matriz de viajes para efectos de calibración de redes de transporte público, se pueden realizar encuestas a los usuarios de transporte público y privado directamente en la red, acerca de algunas características básicas de sus viajes (origen-destino, propósito, horario).

Como las encuestas domiciliarias entregan información de baja precisión en lo que respecta a matrices Origen-Destino, el coste de una observación (un viaje entre dos puntos) en una encuesta de interceptación es considerablemente menor que el de un viaje en una encuesta domiciliaria; un entrevistador puede completar fácilmente 30 viajes en una hora en una encuesta de interceptación, mientras que en encuestas domiciliarias la tasa puede ser hasta la décima parte si se considera los tiempos perdidos en repetir visitas, lograr acceso a la vivienda, etc. Además, si bien es posible estimar modelos de distribución basándose en encuestas domiciliarias, éstos no son considerados muy confiables en el contexto urbano. También vale la pena señalar que en varios lugares, por ejemplo en muchas ciudades de Gran Bretaña y Estados Unidos, es común recolectar información sobre la base de encuestas domiciliarias sólo cada 10 o 15 años y completar esta información, actualizando matrices de viaje y modelos mediante encuestas de interceptación (incluyendo encuestas de preferencias declaradas en ciertas ocasiones). Estas actualizaciones son así mucho más frecuentes de lo que podría hacerse si sólo se utilizaran encuestas domiciliarias.

En general, para determinar el tamaño muestral se puede utilizar la siguiente expresión:

$$n \geq \frac{p \cdot (1-p)}{\left(\dfrac{e}{z}\right)^2 + \dfrac{p \cdot (1-p)}{N}}$$

(6.1)

Siendo:

n: número de pasajeros a encuestar.

p: proporción de viajes con un destino determinado. Se toma un valor de 0,5 por ser el más conservador.

e: nivel aceptable de error, en porcentaje.

z: variable normal estándar para el nivel de confianza seleccionado.

N: Tamaño de la población (flujo observado de pasajeros en el punto de control).

Considerando e = 0,1 (esto es un error máximo del 10%) y z=1,96 (corresponde a un nivel de confianza del 95%) se puede obtener los tamaños de muestra requeridos en función del flujo horario que se presenta en la Tabla 6-1.

Flujo Pax/periodo	Tamaño muestral
900	87
800	86
700	84
600	83
500	81
400	77
300	73
200	65
100	49

Tabla 6-1: Tamaños muestrales encuesta de interceptación

6.3 Definición del método de encuesta y realización de formularios

Las variables de decisión en las encuestas de interceptación son el tamaño y coste de la muestra efectiva y los costes a los usuarios en términos de demoras. Desde este último punto de vista, las encuestas más atractivas son las que entregan un formulario de auto-llenado (en la vía o a pasajeros de transporte público) y posteriormente son devueltas por correo, o las encuestas que se efectúan en puntos de parada obligados, por ejemplo semáforos.

El problema de las encuestas de autollenado es que es muy difícil hacer un seguimiento de las no respuestas y/o el reporte realizado por terceras personas. Otro problema importante es el sesgo que se produce en las encuestas devueltas por correo. Este se debe a que se devuelven menos del 50% de los cuestionarios repartidos y se ha demostrado que el tipo de persona que los devuelve es diferente al que no lo hace. Esta es la razón por la que en muchos países se limita el número de preguntas (ocupación del vehículo, motivo, origen, destino y modos disponibles) en encuestas a pié de calle, y de esta forma se logra mejorar los porcentajes de respuesta (Ortúzar y Willumsen, 2001).

En el caso de encuestas a vehículos privados existen diversos métodos de encuestas, los más usados son:

- **Encuesta basada en matriculas**: en este caso se registra la matrícula de los vehículos que pasan por el punto de la encuesta. Posteriormente a través del organismo correspondiente se determina la dirección del propietario del vehículo y se le envía un correo con una encuesta de auto-llenado que puede ser devuelta por la misma vía. La gran ventaja de este método es que no se requiere interrumpir el flujo vehicular, pero tiene mayores costes de procesamiento.

- **Encuesta de autollenado a la vera del camino**: en este caso se para uno o varios coches que pasan por el punto de encuesta, se les entrega un cuestionario de autollenado para ser devuelto por correo. Este método tiene menores costos y además permite discriminar por encuestados, es decir, es posible realizar la encuesta, por ejemplo, solo a aquellos viajeros que viven en un determinado lugar.

- **Encuesta con entrevista personal a la vera del camino**: en este caso los encuestadores paran a los vehículos, ya sea con la ayuda de la policía, en un semáforo, etc., y le realizan una breve encuesta. Si bien este método es más caro e interrumpe en mayor medida el tráfico, permite obtener mejores tasas de respuesta.

- **Encuesta combinada de autollenado y entrevista**: los vehículos son interceptados y a los chóferes se les realiza una pequeña encuesta y se le deja unos formularios de auto-llenado para ser devueltos por correo. La ventaja de este método es que se pregunta por menos información a los conductores.

Las ventajas y desventajas de cada método se describen en las siguientes tablas:

Método	Ventajas	Desventajas
Matricula	Es más seguro en el sentido de que no se interrumpe el trafico	No hay contacto personal con los encuestados, así que no se puede explicar la encuesta.
	Se requiere menos personal de campo	Pasa un periodo de tiempo importante entre que se obtiene la información de dirección asociada a la matricula.
	El cuestionario por correo puede ser más extenso que con una entrevista	La tasa de respuestas es baja
	No provoca demoras en el flujo vehicular	No se puede encuestar a aquellos que manejan coches arrendado o no son propietarios del vehículo.

Tabla 6-2: Ventajas y desventajas método de matricula

Método	Ventajas	Desventajas
Auto llenado	Es menos costo que otros métodos.	Requiere parar el tráfico.
	Interrumpe menos el tráfico que con entrevistas.	Se obtienen bajas tasas de respuesta.
	Se puede discriminar por encuestado	Es difícil parar a los vehículos.

Tabla 6-3: Ventajas y desventajas método de autollenado

Método	Ventajas	Desventajas
Entrevista	La tasa de respuesta es mayor.	Se interrumpe en gran medida el flujo vehicular.
	Se logra un contacto personal entre encuestado y entrevistador.	Es más costoso.
	La información está disponible rápidamente.	Las entrevistas deben ser cortas.

Tabla 6-4: Ventajas y desventajas método de entrevista

En el caso de las encuestas en transporte público, también existen una serie de métodos de encuestas, entre los que se encuentran:

- Las encuestas son entregadas al chofer del vehículo (en el caso de autobuses) y él se las entrega a los pasajeros que suben, quienes llenan la encuesta en el mismo viaje y posteriormente la devuelven en el bus o por correo. Este método tiene la principal desventaja que distrae al chofer.

- Los encuestadores a bordo del vehículo entrevistan a parte de los pasajeros o incluso a todos de ser posible. La tasa de respuestas es generalmente alta, pero es más costoso.

- Los encuestadores a bordo entregan las encuestas a los pasajeros y estos deben devolverlas por correo. Este método implica menores costes, pero tiene la desventaja de que se obtiene una menor tasa de respuesta.

- Encuestas en paradas: se pueden realizar en cuestas en las paradas o estaciones de los servicios de transportes públicos sobre todo cuando existe alta congestión (por ejemplo en el metro en hora punta), pero siempre es conveniente realizarlas a bordo de los vehículos. Si se realiza este tipo de encuestas es importante conocer con precisión el número de pasajeros que sube en cada parada, ya que luego será usado para expandir la muestra.

Con respecto al diseño del cuestionario y los formularios es importante que tanto la encuesta domiciliaria como de interceptación usen la misma terminología y definición de las variables consultadas.

La encuesta pregunta como mínimo Origen, Destino, Propósito y trata de tomar las direcciones completas. Además, por simple inspección se puede recopilar el número de pasajeros y la calidad/valor del vehículo.

En el caso del transporte público el ideal es abordar el vehículo y encuestar luego a todos sus pasajeros. Claramente esto puede ser imposible en horas punta y alta congestión. Por esto, una alternativa consiste en entrevistar en paradas.

En la encuesta de interceptación es recomendable separar las tareas de entrevistar a los viajeros y de identificar los vehículos interceptados. En el caso del transporte público como se mencionó anteriormente el ideal es que un grupo de encuestadores aborde el vehículo y encueste luego a la mayor cantidad posible de pasajeros.

Como en la mayoría de los casos, es necesario que la encuesta se realice mediante la detención de vehículos (puede haber situaciones en que esta podría realizarse en las colas de cruces semaforizados), y se debe procurar no generar congestión en lugares de alto tráfico vehicular o de baja oferta vial.

En el caso de encuestas basadas en vehículos particulares se debe diseñar dos tipos de formulario, uno debe utilizarse para realizar la encuesta propiamente tal a los viajeros, mientras que el otro debe utilizarse para anotar las características de los vehículos en que viajan. El formulario para las características del vehículo debe registrar la siguiente información:

- Número serial identificatorio del vehículo
- Tipo de vehículo: particular, comercial, de carga, taxi
- Cantidad de ocupantes
- Hora de encuesta

El formulario de encuesta, en tanto, debe registrar la siguiente información:

- Número serial identificatorio del vehículo, que relaciona la información aquí registrada con aquella del formulario para la descripción del vehículo
- Origen del viaje
- Destino del viaje
- Propósito del viaje, en lo posible, mediante recuadros de selección múltiple
- Otros modos utilizados en el viaje
- Nivel de ingreso
- Edad
- Sexo
- Tipo de viajero: chofer de automóvil, acompañante de automóvil, pasajero de taxi, pasajero de colectivo, pasajero de transporte escolar.

Finalmente, en el caso de encuestas basadas en transporte público, también se debe diseñar dos tipos de formulario: uno para realizar la encuesta propiamente tal y otro para anotar las características del vehículo. El formulario para las características del vehículo de transporte público debe registrar la siguiente información:

- Número serial identificatorio del vehículo
- Hora de subida (abordaje) de los encuestadores al vehículo
- Línea o recorrido
- Sentido de viaje
- Hora de pasada por el punto (hora que se pasa justo frente al lugar donde se efectúa el conteo paralelo)
- Cantidad de ocupantes al pasar por el punto
- Hora de bajada de los encuestadores

El formulario de encuesta para el transporte público, en tanto, debe registrar la siguiente información:

- Número serial identificatorio del vehículo, que relaciona la información aquí registrada con aquella del formulario para la descripción del vehículo (en el encabezado de la hoja, pues todos los encuestados están en un mismo vehículo)
- Origen del viaje
- Destino del viaje
- Propósito del viaje, en lo posible, mediante recuadros de selección múltiple
- Otros modos utilizados en el viaje
- Nivel de renta
- Edad
- Sexo

A continuación se presenta un formulario ejemplo para encuestas de interceptación de vehículos y encuestas a bordo de vehículos.

Encuesta de Interceptación

en el Municipio de Torrelavega

ENCUESTA CORDÓN

1. ID   2. Encuestador   3. Fecha   4. Hora

5. Localización del punto de encuesta

ORIGEN

6. Calle / Localidad	7. Nº de portal

DESTINO

8. Calle / Localidad	9. Nº de portal

10. Motivo del viaje
- ☐ Casa
- ☐ Trabajo
- ☐ Estudios
- ☐ Compras
- ☐ Sanidad
- ☐ Asuntos personales
- ☐ Ocio
- ☐ Otros

11. Ocupación del vehículo
- ☐ Solo conductor
- ☐ Conductor + 1 pasajero
- ☐ Conductor + 2 pasajeros
- ☐ Conductor + 3 pasajeros
- ☐ Conductor + 4 pasajeros
- ☐ Conductor + 5 o más pasajeros

12. Tipo de aparcamiento que utilizará
- ☐ Libre
- ☐ De pago

13. Modelo del automóvil

14. Edad del automóvil

15. Tipo

Figura 6-1: Ejemplo encuesta interceptación vehículo privado

Encuesta de Interceptación

en el Municipio de Torrelavega

ENCUESTA A BORDO

| 1. ID | 2. Encuestador | 3. Fecha | 4. Hora |

| 5. Edad | 6. Sexo |

ORIGEN

| 7. Calle / Localidad | 8. Nº de portal |
| 9. Parada de subida | 10. Nº Línea |

11. Motivo del viaje
- ☐ Casa
- ☐ Trabajo
- ☐ Estudios
- ☐ Compras
- ☐ Sanidad
- ☐ Asuntos personales
- ☐ Ocio
- ☐ Otros

12. Forma de Abono
- ☐ BILLETE ORDINARIO
- ☐ BILLETE JUBILADO
- ☐ BONOBUS NORMAL
- ☐ BONOBUS JUBILADO
- ☐   OTRO

DESTINO

| 13. Calle / Localidad | 14. Nº de portal |
| 15. Parada de bajada | |

16. Actividad
- ☐ Trabajador
- ☐ Empresario
- ☐ Estudiante
- ☐ Parado
- ☐ Jubilado
- ☐ Otro

17. Nivel de Renta €
- ☐ < 800 €
- ☐ 800€-1200€
- ☐ 1201€-1600€
- ☐ 1601€-2000€
- ☐ 2001€-2500€
- ☐ >2500€

Figura 6-2: Ejemplo encuesta interceptación a bordo

En términos generales es posible efectuar algunas recomendaciones para las distintas encuestas de interceptación, que debieran considerarse (según modo de transporte):

- *Encuesta en vehículos particulares*: Los formularios de la encuesta base deben ser muy breves. Así, por simple inspección se debe completar el número de pasajeros y un indicador del valor del vehículo en el formulario, sexo del conductor. Por definición, aquí se está interceptando un viaje y por ejemplo, de realizarse en un semáforo, no hay más tiempo que lo suficiente como para preguntar Origen, destino y motivo del viaje, y si se efectuará (o efectuó) cambio de modo (registrando de qué modo se trata). La idea es que la encuesta permita obtener información de viajes; y no sólo de una etapa de éstos (lo que facilita la posterior combinación con información de la Encuesta domiciliaria). Además como en general el viajero no mirará el formulario las indicaciones deben realizarse al entrevistador.

  En el caso de las encuestas más completas de cordón externo, se recomienda agregar una pregunta sobre nivel de ingreso y otra sobre el número de automóviles en el hogar. En cuanto a los pasajeros, se debe preguntar si van todos al mismo destino o no; si no es así, se debe identificar los destinos intermedios y finales. Además puede ser necesario contar con el apoyo de la policía local para detener a los vehículos y realizar la encuesta. Otras consideraciones a tener en cuenta son:

  - El muestreo debe efectuarse aleatoriamente, por lo que las pautas de detención de vehículos deben ser precisadas al personal responsable.

  - Se deben registrar todos los casos de no-respuesta/rechazos, inscribiendo además toda la información posible (por ejemplo, marca y tipo de vehículo, ocupantes, hora del día, etc.). Lo ideal es registrar las patentes de tales vehículos para luego intentar entrevistas de seguimiento con una muestra de los casos de no-respuesta.

  - Los conteos de clasificación deben ser ejecutados al mismo tiempo y en el mismo lugar que las encuestas de interceptación.

- o Los procedimientos de corrección/expansión de los datos deben implementarse tanto para tratar el problema de la no-respuesta como para la expansión de la muestra.

- *Encuesta en vehículos de transporte público*: La información básica a recopilar será Origen, Destino y Propósito del viaje, tratando de tomar las direcciones de la forma más completa posible. Sin embargo, dado que en este caso se cuenta con más tiempo para realizar las encuestas (ya sea que éstas se realicen a bordo), es posible incluir algunas consultas adicionales entre las que se recomienda considerar nivel de ingreso y disponibilidad de automóvil. Otros puntos a tener en cuenta son:
  - o Es necesario efectuar un muestreo riguroso, tanto de los vehículos como de los pasajeros.
  - o En los vehículos muestreados, debe encuestarse al total de los pasajeros, o en su defecto a una muestra.
  - o Los pasajeros que no responden se registrarán en detalle (por ejemplo hora, sexo, edad estimada, ruta de bus, etc.).
  - o Nuevamente los conteos de clasificación deben ser ejecutados al mismo tiempo y en el mismo lugar, que las encuestas de transporte público.
  - o Los procedimientos de corrección/ponderación de los datos deben implementarse tanto para no-respuestas como para expansión.

6.4   Marco muestral

En este caso el marco muestral corresponderá a cuales puntos de la red vial serán utilizados para realizar las encuestas de interceptación en el caso de vehículos privados, o que líneas o modos de transportes serán escogidos en las encuestas a bordo.

Como se ha comentado, las encuestas en semáforos son bastante comunes. Un grupo de entrevistadores espera, distribuido justo en la línea de parada de un semáforo, y cuando los vehículos se detienen en la cola, se acercan y hacen una entrevista mientras dura la detención. Como los tiempos de detención son cortos (hasta 1 minuto), las entrevistas deben ser deben ser muy claras y breves.

Es recomendable que la selección de los arcos congregue la mayor variabilidad de pares origen-destino, los mayores flujos de vehículos por hora y la mayor diversidad de modos contenidos en el arco. Adicionalmente, es necesario procurar una correcta distribución geográfica de los puntos al interior de la ciudad, de tal manera que todas las zonas en que ésta se haya subdividido queden adecuadamente representadas.

Parte del marco muestral es simple de determinar, ya que corresponde a la necesidad de interceptar viajes que entran y salen del área de estudio; esto es, corresponde efectuar encuestas en el cordón externo. En este caso queda sólo el problema práctico de identificar lugares apropiados para la encuesta, especificar la fracción muestral a obtener, para posteriormente diseñar y pilotear el cuestionario correspondiente.

Cuando se desea seleccionar puntos internos no hay una metodología óptima de diseño. No obstante es imprescindible contar desde el principio con una red y una matriz de viajes, aunque sea obsoleta o sencillamente sintetizada a partir de un modelo de distribución transferido de otro lugar. Con la combinación de estos dos elementos se puede cargar la red (todo o nada puede bastar) y hacer un análisis de los pares O-D que utilizan arcos potenciales para hacer encuestas de interceptación. Software como SATURN, por ejemplo, permiten especificar varios arcos para extraer una matriz que los use (Ortúzar y Willumsen, 2001).

Así, se puede especificar arcos que constituyan un cordón alrededor de un área de interés y la matriz que se extrae es la correspondiente a los viajes que cruzan el cordón. Es igualmente útil identificar líneas pantalla con ese objeto.

Es interesante destacar, sin embargo, que bajo condiciones estrictas de equilibrio se produce una cierta ambigüedad en este procedimiento. Cuando hay equilibrio, los costos son únicos pero las rutas usadas no lo son, esto es, no están completamente especificadas. En estas condiciones, la mayor parte de los paquetes identifican un conjunto factible de pares O-D y las proporciones que usan los arcos seleccionados. Sin embargo, estrictamente hablando, es posible que otras proporciones de viajes también satisfagan las condiciones especificadas.

Lo que interesa es seleccionar una combinación de sitios que permita cubrir la mayor parte de la matriz O-D (pares más importantes) sin duplicaciones innecesarias. Esto puede hacerse utilizando una combinación de experiencia, intuición y método sistemático.

Los costes marginales de las encuestas de interceptación en lo referido a las entrevistas son bajos, por lo que los costos más importantes son por sitio de encuesta: permisos, policía o seguridad, supervisión, conteos permanentes, movilización, iluminación (si son hechos con mala luz). Por eso, en esta etapa es razonable ignorar el costo de obtener un tamaño muestral específico en cada sitio. Por otra parte, es difícil justificar sitios de encuesta en lugares con menos de 150 vehículos a la hora en zonas urbanas. Cabe señalar, finalmente, que la selección de puntos para la realización de encuestas de interceptación, debe realizarse separadamente para cada uno de los tipos de vehículos a considerar (vehículos particulares, transporte público, metro, etc.).

Un procedimiento heurístico simple es el siguiente (Ortúzar y Willumsen, 2001):

1. Cargar la matriz disponible a la red (por ejemplo con el software Estraus). Con los puntos de encuesta del cordón externo obtener una nueva matriz (por ejemplo con el software Saturn). Sustraer de la matriz total esa parte de la matriz. Así se eliminan los viajes que entran y salen del área de estudio.

2. Cargar la matriz restante a la red. Seleccionar entonces un cierto número de puntos adicionales de encuesta (por ejemplo, cinco), distantes entre sí y que aporten altos flujos de la matriz restante; obtener una nueva la matriz resultante y sustraerla de la matriz restante anterior.

3. Repetir el paso anterior hasta que quede muy poco de valor en la matriz restante, es decir volúmenes bajos en la red cuando ésta se cargue con la última matriz restante. O parar cuando se complete el número de puntos de interceptación factibles con el presupuesto disponible.

En el caso de encuestas a bordo la heurística es similar, salvo que en este caso habrá que escoger distintas líneas a encuestar.

Una vez escogidos los puntos de la red vial donde se realizaran las encuestas, es importante revisar las características físicas y geométricas para determinar el mejor sitio. Los puntos potenciales debiesen ser evaluados en base a (Cambridge Systematics, 1996):

- Visibilidad.
- Proximidad a intersecciones.
- Curvatura.
- Existencia de trabajos en la ruta.
- Ancho de la vía.
- Señalización.

Después de esta evaluación algunos puntos no serán factibles de ser escogidos, por lo que se tendrá que seleccionar otro punto.

6.5   Trabajo en terreno

El trabajo de campo requiere parar aleatoriamente el número correspondiente de vehículos, encuestando a todos los pasajeros y preguntando el origen, destino y motivo del viaje. En el caso de viajes en transporte público, dadas las dificultades prácticas de inmovilizar los vehículos durante el tiempo necesario para entrevistar a los viajeros, se realiza la encuesta a bordo de los vehículos. Para este trabajo es necesario definir tramos de carretera en vez de estaciones de encuesta y tener en cuenta que el número de encuestadores depende de los factores de ocupación observados en el tramo. Incluso este método puede ser difícil de aplicar si los vehículos están cercanos a su capacidad.

Para reducir las demoras, la realización de estas encuestas implica la detención de una muestra de vehículos que pasan por una estación de control (normalmente con ayuda de la policía), a los que se entrega un pequeño cuestionario para ser devuelto por correo.

En cuanto al horario de habilitación del punto de control, se recomienda tomar al menos un cuarto de hora de encuestas en carácter de período transiente antes y después del horario que interesa. Por otro lado, cuando el período de encuesta sea demasiado extenso (16 o 24 horas), se debe realizar un relevo del personal, con la finalidad de mantener un nivel adecuado en los datos recogidos; este relevo debe considerar una superposición del personal que entra con el que sale, de por lo menos 15 minutos, a fin de que los recién ingresados adquieran rápidamente el ritmo de recolección de encuestas que se haya logrado hasta ese momento.

Con respecto a los aspectos espaciales el trabajo en terreno requiere la definición precisa de un programa de ejecución de al menos dos semanas de antelación. La importancia de la seguridad vial comprometida en la acción de interceptar vehículos requiere de inspecciones en terreno, en lo posible con la ayuda de la policía.

Al igual que en el caso de las encuestas domiciliarias es importante una campaña publicitaria para establecer una imagen corporativa válida y reconocible fácilmente. También se deben realizar tareas de difusión para que la población esté al tanto de la encuesta y por otra parte los encuestadores deberán estar debidamente identificados.

Finalmente en esta caso también es necesario realizar encuestas pilotos en al menos un punto de los seleccionados para hacer la intercepción, y de esta forma probar el trabajo de los encuestadores, las preguntas o posibles mal interpretaciones por parte de los viajeros.

6.6   Procesamiento computacional

En el caso de las encuestas de interceptación, el procesamiento computacional no se diferencia en gran medida con lo descrito en el capítulo 5. Nuevamente el proceso constara con 3 etapas:

- El encuestado o el entrevistador registra la respuesta.
- El codificador convierte la respuesta en un código específico.
- El digitador ingresa la respuesta específica en una base de datos.

En este caso es nuevamente importante la geocodificación de los viajes, esta debe ser lo más desagregada posible, en preferencia un punto en el espacio, para esto, se puede contar con el apoyo de softwares específicos y también la correcta identificación de los puntos donde han sido realizadas las encuestas.

6.7   Corrección y expansión de los datos

La primera tarea en este caso corresponde a la depuración de la información, eliminando encuestas incompletas o con pares O-D que no debieran haber sido interceptados en un punto dado. Una vez reducida la muestra al número de observaciones válidas, se puede calcular la tasa de muestreo efectiva de cada estación, comparando las observaciones en cada categoría con el conteo independiente y continuado obtenido para el punto de realización de la encuesta. A esta tasa de muestreo corresponde una tasa de expansión para el punto de realización de la encuesta en particular (y para cada tipo de vehículo).

La segunda corrección es considerar todas las encuestas de interceptación disponibles y tratar de eliminar el doble conteo de viajes. Este problema existe porque es posible entrevistar a un viaje en más de un punto de encuesta. El caso más simple consiste en entrevistar a la misma persona dos veces en un mismo día en dos puntos diferentes, si su viaje las cruza o entrevistar a la misma persona en días separados de encuesta; los casos anteriores, de todas formas, es muy difícil que ocurran.

6.8   Validación

Al igual que en el caso de las encuestas domiciliarias, los datos obtenidos debiesen someterse normalmente a tres procesos de validación. El primero referido a la completitud de los datos. El segundo corresponde a verificar los rangos válidos y de consistencia de los datos. El tercero, comparar los datos obtenidos con aforos independientes (de existir) en los mismos puntos de encuesta.

7. Estimación de matrices

7.1 Introducción

A lo largo de los años se han propuesto multitud de métodos para simular la distribución de viajes entre varios destinos. Algunos son muy simples y sólo son aplicables a corto plazo, es decir, en estudios tácticos donde no se prevé que se produzcan, por ejemplo, variaciones relevantes en la accesibilidad de la red. Otros métodos, en cambio, responden mejor a las variaciones en los costes de la red y por tanto son aptos para casos de estudios estratégicos a medio y/o largo plazo o también para estudios tácticos que comportan importantes cambios en los costes de transporte (Ortúzar y Willumsen, 2001).

Es tradicional representar la estructura de viajes, en un área de estudio, a través de la matriz de viajes. Esencialmente es una matriz bidimensional en la que las filas y las columnas representan cada una de las zonas del área de estudio, incluidas las zonas externas, tal como se muestra en la Tabla 7-1.

Orígenes	Destinos					$\sum_j T_{ij}$
	1	2	3	$\cdots j$	$\cdots z$	
1	T_{11}	T_{12}	T_{13}	$\cdots T_{1j}$	$\cdots T_{1z}$	O_1
2	T_{21}	T_{22}	T_{23}	$\cdots T_{2j}$	$\cdots T_{2z}$	O_2
3	T_{31}	T_{32}	T_{33}	$\cdots T_{3j}$	$\cdots T_{3z}$	O_3
$\vdots$						
i	T_{i1}	T_{i2}	T_{i3}	$\cdots T_{ij}$	$\cdots T_{iz}$	O_i
$\vdots$						
z	T_{z1}	T_{z2}	T_{z3}	$\cdots T_{zj}$	$\cdots T_{zz}$	O_z
$\sum_i T_{ij}$	D_1	D_2	D_3	D_j	D_z	$\sum_{ij} T_{ij} = T$

Tabla 7-1: Estructura de viajes de una matriz bi-dimensional

Las celdas de cada una de las filas *i* contienen los viajes con origen la zona *i* y destino las zonas de las columnas correspondientes. La diagonal principal corresponde a los viajes intrazonales, mientras que T*ij* representa el número de viajes entre el origen *i* y el destino *j*. O_i el número total de viajes con origen en la zona *i*, y D_j es el número total de viajes atraídos por la zona *j*.

En lo que sigue se utilizarán las letras minúsculas tij, oi y dj para representar datos tomados de la correspondiente encuesta o valores de otros estudios. En mayúscula se representa el objetivo o bien los valores que se quieren modelizar para el correspondiente período de análisis.

En algunos casos puede ser interesante considerar la proporción de viajes que utilizan un modo en particular así como el coste de viaje entre dos puntos:

P_{ij}^k es la proporción de viajes entre i a j en el modo k.

C_{ij}^k es el coste del viaje para ir de i a j en el modo k.

La suma de los viajes por cada una de las filas debería ser igual al número total de viajes generados por la zona a la que se refiere dicha fila; análogamente la suma de los viajes por cada columna debería corresponder al número de viajes atraído por la zona a la que se refiere la columna. Es decir:

$$\sum_j T_{ij} = O_i$$
$$\sum_i T_{ij} = D_j$$

El modelo tiene que satisfacer ambas condiciones; en este caso dicho modelo es doblemente acotado. En cambio, en algunos casos sólo se dispone de información sobre una de las dos restricciones, por ejemplo si se conocen todos los Oi el modelo se denomina simplemente acotado a orígenes. Por tanto, el modelo podrá estar acotado a orígenes (generación), o a destinos (atracción), según se cuente con los Oi o los Dj respectivamente.

Por cuanto se refiere al coste de viaje, éste puede ser expresado en términos de distancia, tiempo o unidades monetarias. A menudo resulta conveniente utilizar lo que se denomina coste generalizado de transporte (viaje), que representa una medida en la que se combinan todos los atributos principales que están asociados a la desutilidad del viaje. El coste generalizado es típicamente una función lineal de los atributos del viaje ponderada por coeficientes que representan la importancia relativa de los atributos tal como son percibidos por el viajero. Una posible representación del coste generalizado para el modo k (el sub-índice k se omitirá por sencillez de notación), sería (Ortúzar y Willumsen, 2001):

$$C_{ij} = a_1 t_{ij}^v + a_2 t_{ij}^w + a_3 t_{ij}^t + a_4 t_{nij} + a_5 F_{ij} + a_6 \phi_j + \delta$$

dónde:

t_{ij}^v : es el tiempo de viaje a bordo del vehículo para ir de i a j;

t_{ij}^w : es el tiempo andando hacia y desde la parada;

t_{ij}^t : es el tiempo de espera en la parada;

t_{nij} : es el tiempo de trasbordo, si existe;

F_{ij} : es la tarifa para ir de i a j;

ϕ_j : es un coste "terminal" (usualmente coste de aparcar), asociado al viaje de i a j;

δ : es una penalidad modal, es decir un parámetro que representa los restantes atributos no incluidos en el coste generalizado de viaje, por ejemplo la seguridad, el confort etc,.

$a_1 \cdots a_6$: son las ponderaciones asociadas a cada elemento del coste; dichas ponderaciones tienen su correspondiente dimensión apropiada para convertir cada atributo en la misma unidad, por ejemplo, monetaria o tiempo.

Ya que el coste generalizado puede ser medido en términos monetarios o en unidades de tiempo, resulta bastante fácil pasar de una unidad a otra.

Un modelo de distribución trata de estimar el número de viajes en cada celda de la matriz, bajo la base de cierta disponibilidad de información, en general obtenida a partir de encuestas domiciliarias y encuestas de interceptación. Asimismo, se han propuesto diferentes modelos de distribución para diferentes tipos de problemas y condiciones.

En este capítulo se formulan diferentes modelos de distribución de viajes existentes en la literatura especializada a partir de problemas de optimización multi-objetivo y la resolución de sus respectivos problemas sustitutos, en los cuales su información de entrada es la recopilada en una encuesta de viajes origen-destino.

El uso de herramientas de programación matemática ha resultado fundamental en la modelación de la distribución espacial de viajes. Probablemente, el modelo matemático de distribución espacial de viajes más elemental y conocido corresponde al denominado problema de transporte o problema de Hitchcock (Hitchcock, 1941), que consiste en el abastecimiento de insumos a mínimo coste de una serie de destinos a partir de la producción de insumos en determinados orígenes. Este es un problema de programación lineal con costes constantes. Un avance respecto al problema de Hitchcock corresponde al modelo clásico gravitacional doblemente acotado (Wilson, 1970). Este modelo, a partir del concepto de entropía, y dadas ciertas generaciones y atracciones de viajes, permite determinar la matriz de distribución de viajes más probable que a su vez minimiza el coste total de viaje del sistema.

Particularmente, los modelos entrópicos corresponden a aquellos modelos de distribución de viajes que en su deducción analítica consideran explícitamente el concepto de entropía, lo que permite obtener la matriz de viajes más probable, considerando una serie de restricciones exógenas adicionales. Otros modelos de distribución, basados en el concepto de oportunidades que intervienen en la elección de destino (Stouffer (1940), Schneider (1959)), no han demostrado ser mejores que los modelos entrópicos clásicos. A partir del concepto de entropía planteado por Wilson, y adicionando las condiciones de equilibrio de Wardrop mediante la transformada de Beckman (Beckman, 1956), Evans (1976) desarrolla un modelo de equilibrio combinado de Distribución y Asignación de viajes. Morrison y Thumann (1980) formulan un modelo de distribución de viajes basado en la resolución de un problema de optimización cuadrático, en cuya función objetivo se define la suma ponderada de diferencias al cuadrado entre viajes modelados y viajes observados, sujeto a restricciones de conservación de flujos. Fotheringham (1983, 1986) plantea un modelo de distribución entrópico, similar al modelo gravitacional de Wilson (1970), pero que incorpora el concepto de destinos compitentes, por lo que se obtiene un modelo más general de que de Wilson (1970). Thorsen y Gitlesen (1998) realizan extensiones al modelo de Fotheringham (1983, 1986), de tal forma de tratar de manera especial los viajes intrazonales. Fang y Tsao (1995) formulan un modelo de optimización que combina las formulaciones de Wilson (1970) y de Morrison y Thumann (1980), obteniendo como resultado un modelo más complejo denominado modelo autodisuasivo.

Respecto a la estimación de los modelos de distribución, el uso de herramientas econométricas y estadísticas presenta una mayor divulgación, tanto a nivel teórico como práctico. Durante las últimas décadas, se han desarrollado y aplicado múltiples enfoques de calibración a partir del uso de herramientas estadísticas, siendo los más comunes los Mínimos Cuadrados y la Máxima Verosimilitud (ver por ejemplo Alonso (1973, 1986), Anas (1981), De Vos y Bikker (1982), Sen y Matuszewsky (1991), Bikker (1992), Abrahamson y Lundqvist (1999), Ortúzar y Willumsen (2001), Orpana y Lampinen (2003)).

Sin embargo, y como se muestra en este capítulo, a partir de la relación existente entre los modelos de distribución espacial de viajes y los problemas de optimización equivalente que dan origen a dichos modelos, es posible obtener los distintos parámetros relacionados con los modelos de distribución de viajes a partir de los multiplicadores de Lagrange de las restricciones de los problemas de optimización equivalentes.

7.2   Introducción a la programación multiobjetivo

Para entender el enfoque metodológico presentado en este capítulo, se presentan algunas ideas básicas acerca de la programación multiobjetivo (Cohon, 1978; Marler and Arora, 2004). Dado el vector $x = [x_1, x_2, ..., x_n]^T$ de variables de decisión, y el vector $F(x) = \left[f_1(x), f_2(x), ..., f_K(x) \right]^T$ de funciones objetivos, el problema general de programación multiobjetivo se puede escribir como:

$$\min_{\{x\}} \quad F(x) = \left[f_1(x), f_1(x), ..., f_K(x) \right]^T$$
$$s.a.$$
$$g_i(x) \leq 0 \ \forall i = 1, 2, ..., m \ \ (\mu_i)$$
$$h_j(x) = 0 \ \forall j = 1, 2, ..., r \ \ (\eta_j)$$

(7.1)

Donde $\mu_i \, y \, \eta_j$ son las variables duales correspondientes a las restricciones de desigualdad e igualdad respectivamente.

Stadler (1979), Vincent and Grantham (1981), and Miettinen (1999) proveen una revisión de las condiciones de optimalidad para los problemas de optimización multiobjetivo. En general, la resolución de dichos problemas involucra potencialmente un conjunto infinito de soluciones Pareto óptimas. En particular diferentes ponderaciones de las funciones objetivos llevan a resultados distintos. En este tipo de problemas, el planificador "manipula" las preferencias, definiendo la importancia relativa de los objetivos en orden de obtener, si es posible, una solución única que refleje las preferencias consideradas.

En la literatura existente al respecto, se han discutido un número importante de algoritmos desarrollados para resolver un amplio rango de problemas multiobjetivos en diversas disciplinas. El método de la suma ponderada y el de las restricciones, especialmente el problema sustituto usado para obtener soluciones Pareto optimas, proveen un enfoque interesante para modelar muchos problemas de planificación de transporte.

Considerar funciones multiobjetivo en los problemas de optimización aumenta los grados de libertad de un problema específico, y a menos que estos grados de libertad sean restringidos, existirá un gran conjunto de puntos óptimos en comparación con el caso de un solo objetivo. Dado que las preferencias (representadas por los ponderadores θ^T) son datos de entrada, habrán tantas soluciones Pareto optimas como conjuntos de preferencias consideradas.

En general uno de los principales problemas del enfoque de suma ponderada para resolver los problemas multiobjetivos es seleccionar los ponderadores para cada objetivo. De esta forma el problema multiobjetivo se plantea como:

$$\min_{x} \quad Z_1 = f_1(x) + \sum_{k=2}^{K} \theta_k f_k(x)$$

$s.a.$

$$g_i(x) \leq 0 \ \forall i = 1, 2, \ldots, m \ \ (\mu_i)$$

$$h_j(x) = 0 \ \forall j = 1, 2, \ldots, r \ \ (\eta_j)$$

(7.2)

En el caso de usar el método de las restricciones, el problema quedaría como:

$$\min_{x} \quad Z_2 = f_1(x)$$

$s.a.$

$$f_k(x) \leq S_k \ \forall k = 2, \ldots, K \ \ (\theta_k)$$

$$g_i(x) \leq 0 \ \ \forall i = 1, 2, \ldots, m \ \ (\mu_i)$$

$$h_j(x) = 0 \ \ \forall j = 1, 2, \ldots, r \ \ (\eta_j)$$

(7.3)

Notar que θ_k indica la magnitud en que $f_1(x)$ disminuye si aumenta $f_k(x)$ en una unidad. Este "precio sombra" o multiplicador lagrangeano es equivalente a la ponderación del objetivo k relativo al objetivo 1 (o de referencia). Es decir hay una relación estrecha entre el método de suma ponderada y el de restricciones.

7.3 Modelo de transporte clásico (Hitchcock, 1941)

El modelo de transporte de Hitchcock (HM) tiene por objeto distribuir a mínimo coste una cantidad fija de productos que son producidos y consumidos en un conjunto de zonas geográficas; en el caso particular de los viajes entre distintos pares origen-destino, el producto corresponde a personas que viajan entre las distintas zonas, las cuales buscan distribuirse a mínimo coste, dadas ciertas generaciones y atracciones fijas por zona. Esta distribución se obtiene de resolver el siguiente problema de optimización:

$$\min_{\{T_{ij}\}} Z = \sum_{ij} C_{ij} T_{ij}$$
$$s.t.: \qquad \sum_{j} T_{ij} = O_i \qquad (\mu_i) \tag{7.4}$$
$$\sum_{i} T_{ij} = D_j \qquad (\gamma_j)$$

En la expresión anterior, Cij representa el coste generalizado de viaje entre la zona i y la zona j, mientras que Tij son los viajes entre dicho par de zonas. Por otra parte, Oi son los viajes generados por la zona i y Dj son los viajes atraídos por la zona j. Notar que

$$\sum_{i} O_i = \sum_{j} D_j \, .$$

Es interesante notar que como Cij es constante, el problema corresponde a un problema de optimización lineal. Para efectos de predicción, basta con actualizar los valores de Oi y Dj (o también Cij) para obtener una nueva distribución Tij. Como se expone más adelante, el problema de transporte de Hitchcock es utilizado para deducir otros modelos de distribución espacial de viajes.

7.4 Modelo de distribución gravitacional doblemente acotado (Wilson, 1970)

El tradicional Modelo de Distribución Gravitacional (GM) se obtiene de resolver el siguiente problema de optimización:

$$\min_{\{T_{ij}\}} \quad F = \sum_{ij} T_{ij} \left(\ln T_{ij} - 1 \right)$$

$$s.t.:$$

$$\sum_{j} T_{ij} = O_i \qquad \left(\mu_i \right)$$

$$\sum_{i} T_{ij} = D_j \qquad \left(\gamma_j \right) \qquad\qquad (7.5)$$

$$\sum_{ij} C_{ij} T_{ij} = C \qquad \left(\beta \right)$$

Al aplicar las condiciones de primer orden se obtiene:

$$T_{ij} = A_i O_i B_j D_j e^{-\beta C_{ij}} \qquad\qquad (7.6)$$

donde $A_i = e^{\mu_i}/O_i$ y $B_j = e^{\gamma_j}/D_j$. Es fácil demostrar que A_i y B_j cumplen también:

$$A_i = \frac{1}{\sum_j B_j D_j e^{-\beta C_{ij}}} \;,\; B_j = \frac{1}{\sum_i A_i O_i e^{-\beta C_{ij}}}$$

A_i y B_j corresponden a los factores de balanceo del modelo gravitacional doblemente acotado, Cij es el coste generalizado entre el par w = (i, j) y C es el coste total del sistema (constante y desconocido, pero estimable). Es interesante notar que el problema anterior es la forma reducida del siguiente problema bi-objetivo:

$$\min_{\{T_{ij}\}} \quad F_1 = \sum_{ij} C_{ij} T_{ij}$$

$$\min_{\{T_{ij}\}} \quad F_2 = \sum_{ij} T_{ij} \left(\ln T_{ij} - 1 \right)$$

$$s.t.: \tag{7.7}$$

$$\sum_{j} T_{ij} = O_i \qquad \left(\mu_i \right)$$

$$\sum_{i} T_{ij} = D_j \qquad \left(\gamma_j \right)$$

El cual es equivalente al problema:

$$\min_{\{T_{ij}\}} Z_1 = \sum_{ij} C_{ij} T_{ij} + \frac{1}{\beta} \sum_{ij} T_{ij} \left(\ln T_{ij} - 1 \right)$$

$$s.t.: \tag{7.8}$$

$$\sum_{j} T_{ij} = O_i \qquad \left(\mu_i \right)$$

$$\sum_{i} T_{ij} = D_j \qquad \left(\gamma_j \right)$$

7.5 Modelo de distribución basado en minimización de diferencias cuadráticas (Morrison y Thumann, 1980)

La formulación general de este modelo se basa en minimizar la suma de los cuadrados de las diferencias entre los viajes modelados (Tij) y los observados (tij o Nij), considerando las restricciones de conservación de flujos en las distintas zonas.

$$\min_{\{T_{ij}\}} \quad Z_2 = \frac{1}{2} \sum_{ij} \frac{\left(T_{ij} - N_{ij} \right)^2}{\pi_{ij}}$$

$$s.t.:$$

$$\sum_{j} T_{ij} = O_i \qquad \left(\mu_i \right)$$

$$\sum_{i} T_{ij} = D_j \qquad \left(\gamma_j \right) \tag{7.9}$$

$$\sum_{ij \in U_k} T_{ij} = f_k \qquad \left(\alpha_k \right)$$

$$T_{ij} \geq 0 \qquad \forall i, j \quad \left(\psi_{ij} \right)$$

La restricción $\sum_{ij \in U_k} T_{ij} = f_k$ corresponde a una restricción adicional de carácter opcional.

Los valores Nij pueden ser obtenidos de una encuesta o de una matriz a priori. Los parámetros son pesos que se relacionan con la importancia relativa de cada observación. La definición de los π_{ij} debe realizarla el modelador; algunas alternativas de pesos son las siguientes:

$$\pi_{ij} = \left(N_{ij}, N_{ij}^2, \sqrt{N_{ij}}, 1/C_{ij} \right)$$

La solución del problema anterior es la siguiente:

$$T_{ij} = N_{ij} + \left(\mu_i + \lambda_j \right)\pi_{ij} + \left(\sum_k \alpha_k \delta_{ij,k} \right)\pi_{ij} + \psi_{ij}\pi_{ij} \tag{7.10}$$

Donde $\delta_{ij,k}$ vale 1 si el elemento Tij cae dentro de la restricción k, y 0 si no. Por lo tanto, a partir de los valores observados (Nij), de los pesos (π_{ij}) y de los multiplicadores de Lagrange ($\alpha_k, \mu_i, \lambda_j$ y ψ_{ij}), se obtienen los valores modelados Tij. Es importante notar si el número de pares origen-destino es muy elevado, se requiere estimar un gran número de parámetros. Por otra parte, en este modelo la restricción de no negatividad de flujos (Tij $\geq$ 0) es importante, ya que de lo contrario la expresión anterior (7.10) podría generar valores negativos de Tij.

7.6 Modelo de distribución basado en destinos compitentes (Fotheringham, 1983)

El modelo de distribución de destinos compitentes (competing destinations model) se obtiene de resolver el siguiente problema de optimización multi-objetivo:

$$\min_{\{T_{ij}\}} \quad F_1 = \sum_{ij} T_{ij} C_{ij} \tag{7.11}$$

$$\min_{\{T_{ij}\}} \quad F_2 = \sum_{ij} T_{ij} \left(\ln T_{ij} - 1\right) \tag{7.12}$$

$$\max_{\{T_{ij}\}} \quad F_3 = \sum_{ij} T_{ij} \ln\left(S_{ij}\right) \tag{7.13}$$

s.a.:

$$\sum_{j} T_{ij} = O_i \qquad \forall i \qquad \left(\mu_i\right) \tag{7.14}$$

$$\sum_{i} T_{ij} = D_j \qquad \forall j \qquad \left(\gamma_j\right) \tag{7.15}$$

donde Sij representa la accesibilidad o atractividad de viajar entre la zona i y la zona j. Fotheringham define al atractividad Sij de la siguiente manera:

$$S_{ij} = \sum_{\substack{k=1 \\ k \neq i, k \neq j}}^{w} D_k e^{-\sigma C_{jk}}$$

El parámetro σ es el "peso" asociado a la impedancia de viajar entre i y j. La variable w es el número de destinos potenciales.

Se observa que el modelo de Fotheringham corresponde al modelo gravitacional clásico de Wilson (1970) pero incorporando adicionalmente el objetivo correspondiente a maximizar el logaritmo natural de la atractividad de viajar entre i y j para todos los pares existentes en el sistema. Notar que los parámetros β y ρ corresponden a los pesos relativos de los objetivos (7.11) y (7.12) respectivamente.

Es importante notar que la definición de Sij transforma el problema en un modelo no lineal en parámetros, que puede ser muy complejo de estimar y no garantiza la unicidad de la solución. Por dicha razón, es posible utilizar como medida de atractividad la siguiente alternativa: Sij = 1/Cij . De esta forma, y sin pérdida de generalidad, se garantiza que el logaritmo de todos los modelos sea lineal en los parámetros.

El problema multi-objetivo anterior tiene el siguiente problema sustituto:

$$\min_{\{T_{ij}\}} \quad Z_3 = \sum_{ij} T_{ij} C_{ij} + \frac{1}{\beta} \sum_{ij} T_{ij} \left(\ln T_{ij} - 1\right) - \frac{\rho}{\beta} \sum_{ij} T_{ij} \ln S_{ij}$$

$s.a.:$

$$\sum_j T_{ij} = O_i \qquad \left(\mu_i\right)$$

$$\sum_i T_{ij} = D_j \qquad \left(\gamma_j\right)$$

(7.16)

Luego, resolviendo el problema anterior, se obtienen las condiciones de optimalidad del modelo de Fotheringham:

$$T_{ij} = A_i O_i B_j D_j \left(S_{ij}\right)^\rho e^{-\beta C_{ij}} \;,\; A_i = e^{\mu_i}/O_i \;,\; B_j = e^{\gamma_j}/D_j$$

$$A_i = \frac{1}{\sum_j B_j D_j \left(S_{ij}\right)^\rho e^{-\beta C_{ij}}} \;,\; B_j = \frac{1}{\sum_i A_i O_i \left(S_{ij}\right)^\rho e^{-\beta C_{ij}}}$$

El signo del parámetro ρ será resultado del análisis empírico en que sea implementado este modelo. Al respecto, Fotheringham define dos tipos de fuerzas que inciden en la elección de destino:

i. Una primera fuerza, está relacionada con la impedancia y costo de viajar entre dos zonas: a medida que aumenta el costo entre dos zonas, tiende a reducirse el número de viajes entre dichas zonas. Esta fuerza es la que incorporan normalmente todos los modelos de distribución, y particularmente los entrópicos. A esta primera fuerza, Fotheringham la denomina fuerza de aglomeración (agglomeration forces).

ii. Una segunda fuerza está relacionada con el hecho de que, conforme aumentan la distancia que está dispuesto a viajar un individuo, aumentan las alternativas de destino, y por lo tanto aumenta la probabilidad de satisfacción de realizar su viaje, ya que, por ejemplo, hay más alternativas de empleo, de comercio o de educación. A esta segunda fuerza, Fotheringham la denominó fuerzas de competitividad (competition forces).

Si producto del análisis empírico obtenemos $\rho > 0$, las fuerzas de aglomeración serían las dominantes. Sin embargo, si el parámetro $\rho < 0$, las fuerzas de competitividad serían las dominantes.

7.7 Modelos de distribución autodisuasivo con costos cuadráticos (Fang y Tsao, 1995)

El modelo de distribución entrópico con costos cuadráticos se obtiene de resolver el siguiente problema de optimización multi-objetivo:

$$\min_{\{T_{ij}\}} \quad F_1 = \sum_{ij} T_{ij} C_{ij}$$

$$\min_{\{T_{ij}\}} \quad F_2 = \sum_{ij} T_{ij} \left(\ln T_{ij} - 1 \right)$$

$$\min_{\{T_{ij}\}} \quad F_4 = \sum_{ij} C_{ij} T_{ij}^2 \tag{7.17}$$

$$s.a.$$

$$\sum_j T_{ij} = O_i \qquad (\mu_i)$$

$$\sum_i T_{ij} = D_j \qquad (\gamma_j)$$

Se observa que el modelo de Fang y Tsao corresponde al modelo gravitacional clásico de Wilson (1970) pero incorporando un objetivo adicional que en este caso es minimizar la suma de los cuadrados los viajes ponderado por los costes respectivos.

Un problema sustituto es el siguiente:

$$\min_{\{T_{ij}\}} \quad Z_3 = \sum_i \sum_j T_{ij} C_{ij} + \frac{1}{\beta} \sum_i \sum_j T_{ij} \left(\ln T_{ij} - 1 \right) + \frac{\lambda}{2\beta} \sum_i \sum_j T_{ij}^2 C_{ij}$$

$s.a.:$

$$\sum_j T_{ij} = O_i \qquad \left(\mu_i \right)$$

$$\sum_i T_{ij} = D_j \qquad \left(\gamma_j \right)$$

(7.18)

Las condiciones de primer orden de este problema son las siguientes:

$$T_{ij} = A_i O_i B_j D_j e^{-\beta C_{ij} - \lambda T_{ij} C_{ij}}$$

$$A_i = \frac{1}{\displaystyle\sum_j B_j D_j e^{-\beta C_{ij} - \lambda T_{ij} C_{ij}}} \qquad , B_j = \frac{1}{\displaystyle\sum_i A_i O_i e^{-\beta C_{ij} - \lambda T_{ij} C_{ij}}}$$

El modelo anterior, denominado por sus autores como modelo gravitacional auto-disuasivo (self deterrent gravity model) es similar al modelo gravitacional clásico, y la diferencia se debe a la aparición de la variable Tij en el exponente de la función. La presencia de esta variable permite utilizar información de una matriz de viajes previa para la predicción (matriz a priori).

7.8 Modelos de distribución incorporando matriz a-priori

Cuando está disponible la información de una matriz a priori, por ejemplo obtenida partir de una encuesta de viajes anterior sobre una muestra de la población o a partir de aforos, es posible incorporar dicha información en la modelación. Si los viajes observados entre el par (i, j) obtenidos de una encuesta anterior se denominan Nij, la expresión de entropía presente en casi todos los modelos expuestos anteriormente se ve modificada.

Para entender cómo introducir la información de una matriz a priori en la formulación de modelos de distribución entrópicos, se considerara el modelo gravitacional de Wilson (1979). Para dicho modelo, y considerando la existencia de una matriz a priori, el problema de optimización equivalente modificado tiene la siguiente forma (Willumsen, 1978; Van Zuylen and Willumsen, 1980):

$$\max_{\{T_{ij}\}} \quad F = \frac{T!}{\prod_{ij} T_{ij}!} \left(\frac{N_{ij}}{\sum_{ij} N_{ij}} \right)^{T_{ij}}$$

$$s.t.:$$

$$\sum_{j} T_{ij} = O_i \qquad \left(\mu_i \right)$$

$$\sum_{i} T_{ij} = D_j \qquad \left(\gamma_j \right) \qquad\qquad (7.19)$$

$$\sum_{ij} C_{ij} T_{ij} = C \qquad \left(\beta \right)$$

La expresión $N_{ij} / \sum_{ij} N_{ij}$ corresponde a la proporción de viajes de la muestra que se realiza entre el par (i, j). Por lo tanto, la expresión $\left(\dfrac{N_{ij}}{\sum_{ij} N_{ij}} \right)^{T_{ij}}$ representa la probabilidad conjunta de que se realicen T_{ij} viajes entre el par (i, j). Aplicando la aproximación de Stirling sobre la función objetivo del problema, y considerando que T es constante, se obtiene el siguiente problema de optimización equivalente:

$$\max_{\{T_{ij}\}} \quad F = \sum_{i} \sum_{j} T_{ij} \left(\ln T_{ij} - 1 \right) - \sum_{i} \sum_{j} T_{ij} \left(\ln N_{ij} - \ln \sum_{ij} N_{ij} \right)$$

$$s.t.:$$

$$\sum_{j} T_{ij} = O_i \qquad \left(\mu_i \right)$$

$$\sum_{i} T_{ij} = D_j \qquad \left(\gamma_j \right) \qquad\qquad (7.20)$$

$$\sum_{ij} C_{ij} T_{ij} = C \qquad \left(\beta \right)$$

Aplicando las condiciones de optimalidad sobre el problema, resulta:

$$T_{ij} = A_i O_i B_j D_j e^{-\beta C_{ij}} p_{ij}$$

$$A_i = \frac{1}{\sum_j B_j D_j e^{-\beta C_{ij}} p_{ij}} \quad , \quad B_j = \frac{1}{\sum_i A_i O_i e^{-\beta C_{ij}} p_{ij}}$$

Dónde $P_{ij} = \frac{N_{ij}}{\sum_{ij} N_{ij}}$. Por lo tanto, si en la matriz a priori no existen viajes entre un determinado par (k, l), la modelación de viajes estimada por también será cero para dicho par $(T_{kl} = 0)$, ya que $N_{kl} = 0$ y por lo tanto $p_{kl} = 0$.

La incorporación de una matriz a priori, de la manera expuesta, permite realizar estimaciones sólo en las celdas donde existe información de viajes. Este punto limita considerablemente el uso de este modelo de distribución para predecir viajes, ya que por ejemplo en ciudades grandes, con muchos orígenes y destinos, una matriz a priori obtenida de una encuesta de viajes puede presentar más de un 95% de celdas vacías debido únicamente al tamaño de la muestra.

Es interesante notar que la función objetivo del problema se puede escribir de la siguiente manera (Willumsen, 1978, 1981, and 1984; Van Zuylen and Willumsen 1980; and Ortuzar and Willumsen, 2001):

$$\sum_i \sum_j T_{ij} \left(\ln T_{ij} - \ln N_{ij} \underbrace{-1 - \ln \sum_{ij} N_{ij}}_{const} \right) = \sum_i \sum_j T_{ij} \left(\ln \frac{T_{ij}}{N_{ij}} - const \right)$$

Considerando que por aproximación de taylor:

$$\ln(x) = \left(\frac{x-1}{x} \right) + \frac{1}{2} \left(\frac{x-1}{x} \right)^2 + \frac{1}{3} \left(\frac{x-1}{x} \right)^3 + \dots$$

y definiendo $\frac{T_{ij}}{N_{ij}} = x$, la función objetivo puede ser finalmente escrita en forma aproximada como:

$$\sum_i \sum_j \frac{1}{N_{ij}} \left(T_{ij} - N_{ij} \right)^2 \tag{7.21}$$

Esta expresión corresponde a la función objetivo del problema de distribución basado en la minimización de diferencias cuadráticas (Morrison y Thumann, 1980)

7.9 Estimación de los modelos de viajes usando multiplicadores de Lagrange

La estimación de los parámetros de los modelos de distribución de viajes ha sido un tema ampliamente debatido por investigadores, existiendo una amplia variedad de técnicas alternativas de calibración. Como se ha mencionado, las dos principales áreas de estimación se basan en el uso de técnicas econométricas y estadísticas, y en la formulación y resolución de problemas no lineales de programación matemática y métodos numéricos.

El uso de herramientas econométricas y estadísticas presenta una mayor divulgación, tanto a nivel teórico como práctico. Durante las últimas décadas, se han desarrollado y aplicado múltiples enfoques de calibración a partir del uso de herramientas estadísticas, siendo los más comunes los Mínimos Cuadrados y la Máxima Verosimilitud (ver por ejemplo Alonso (1973, 1986), Anas (1981), De Vos y Bikker (1982), Sen y Matuszewsky (1991), Bikker (1992), Abrahamson y Lundqvist (1999), Ortúzar y Willumsen (2001) y Orpana y Lampinen (2003)).

Por otra parte, en relación al uso de herramientas de programación matemática y métodos numéricos para la obtención de los parámetros de los modelos de distribución (Morrison y Thumann (1980), Fang y Tsao (1995). Gonçalvez y Souza (2001)), su uso es bastante más limitado, ya que la resolución de problemas de gran tamaño (como lo es un modelo de distribución espacial en sistemas de transporte urbano) ha sido un problema que recién en los últimos años se ha podido mitigar, por lo cual estos métodos han sido menos populares.

Si el problema de optimización equivalente o sustituto al problema multi-objetivo general lo planteamos considerando el enfoque de restricciones (ver sección 7.2), todos los parámetros del modelo se pueden obtener a partir de los multiplicadores de Lagrange.

Como una manera de probar la efectividad de este enfoque de estimación, se formula algunos de los modelos expuestos (particularmente el modelo gravitacional y el de destinos compitentes) como un problema sustituto considerando el enfoque de restricciones. La resolución de estos problemas de optimización permite obtener valores para los parámetros de los modelos. En el caso del modelo de destinos compitentes, el problema sustituto utilizando el enfoque de restricciones es el siguiente:

$$\min_{\{T_{ij}\}} \quad \sum_{ij} T_{ij} \left(\ln T_{ij} - 1 \right)$$

s.a.:

$$\sum_{ij} T_{ij} C_{ij} = \hat{C} \qquad\qquad\qquad (\beta)$$

$$\sum_{ij} T_{ij} \ln \left(S_{ij} \right) = \hat{S} \qquad\qquad\qquad (\rho)$$

$$\sum_{j} T_{ij} = \hat{O}_i \qquad\qquad \forall i \qquad\qquad (\mu_i)$$

$$\sum_{i} T_{ij} = \hat{D}_j \qquad\qquad \forall j \qquad\qquad (\gamma_j)$$

Los valores del lado derecho de las restricciones (C, S, Oi y Dj) se han estimado a partir de matrices de viajes en coche construidas a partir de la encuesta domiciliaria en el municipio de Torrelavega realizada en el año 2006. Expandiendo la encuesta, se obtuvieron los valores observados para los viajes entre cada par (i, j), que se definen Nij. Por otra parte, los valores de Cij corresponden al coste generalizado de viaje entre cada par (i, j); el valor de Sij se ha definido como Sij = 1/ Cij. Con esta información se obtiene $\sum_{ij} N_{ij} C_{ij} = \hat{C}$, $\sum_{ij} N_{ij} \ln \left(S_{ij} \right) = \hat{S}$, $\sum_{j} N_{ij} = \hat{O}_i$ y $\sum_{i} N_{ij} = \hat{D}_j$, que se introducen en el lado derecho de las restricciones.

El softaware utilizado para resolver estos problemas de optimización fue AIMMS (www.aimms.com). En la Tabla 7-2 se reportan las características de la matriz de viajes obtenida de la encuesta. En la Figura 7-1 se muestra la zonificación correspondiente.

VARIABLE	Agregación Comunal
N° de Zonas	72
N° de Pares O-D	5.184
Viajes Totales	16.442
N° de Celdas con Viajes	3.452
N° de Celdas sin Viajes	1.732
% de Ceros	33,4%

Tabla 7-2: Matriz de viajes coche, período punta mañana, Torrelavega 2006

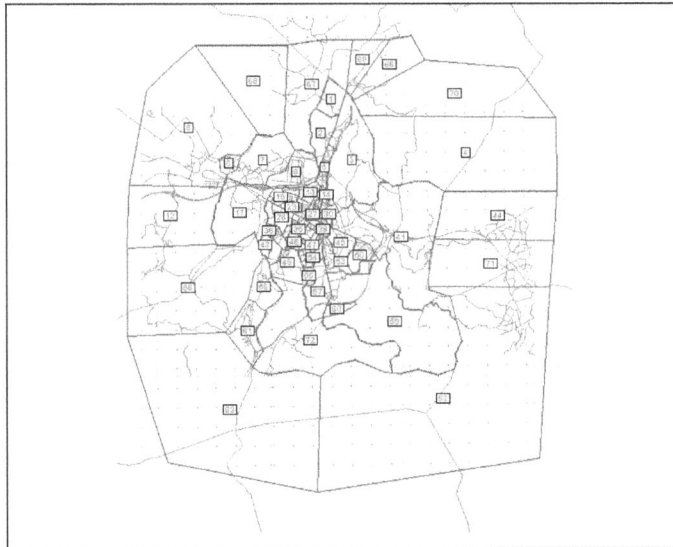

Figura 7-1: Zonificación de Torrelavega

En la siguiente tabla se muestra los resultados obtenidos mediante la resolución de los problemas de optimización equivalentes, para los 4 modelos de distribución de viajes formulados. De acuerdo con Fotheringham (1986) la raíz cuadrada del error medio estandarizado (SRMSE) es la medida más adecuada para analizar el desempeño de 2 o más modelos. SRMSE es definido por:

$$SRMSE = \sqrt{\frac{\sum_{ij}\left(T_{ij} - N_{ij}\right)^2}{I \times J}} \left/ \frac{\sum_{ij} T_{ij}}{I \times J}\right.$$

Donde I corresponde al número de orígenes y J el número de destinos, en este caso I=J. El indicador r2 corresponde a la correlación entre viajes observados y modelados.

MODELO	SRMSE	r^2	$-\beta$	ρ
Mod. Gravitacional (MG)	1,42	0,88	0,237	-
Mod. Destinos compitentes (MDC)	1,27	0,91	0,174	0,649

Tabla 7-3: Parámetros estimados (multiplicadores de Lagrange)

De la Tabla 7-3 se observa que los signos de los parámetros son consistentes con los desarrollos teóricos. Respecto al ajuste, se observa que el MDC presenta menor SRMSE (1,27) y el mayor r2 (0,91), por lo que se puede concluir que es mejor modelo que el gravitacional, lo que se podía intuir, por tener un parámetro adicional (asociado a la restricción adicional), el que permite un mejor ajuste. En la siguiente Figura se presenta los histogramas de viajes modelados y observados:

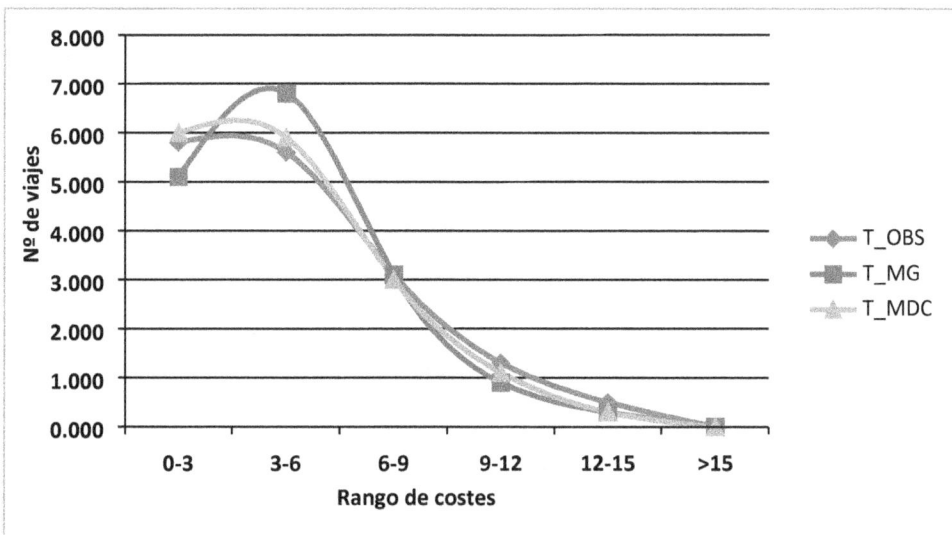

Figura 7-2: Histograma de viajes

El ajuste del Modelo de destinos compitentes es superior al gravitacional. Esto implica que la capacidad reproductiva del MDC es también superior. La superioridad del MDC se explica evidentemente, como ya se ha mencionado, por la mayor cantidad de restricciones impuestas al modelo, con lo que se obliga a reproducir de mejor manera los viajes observados.

De lo anterior es posible concluir que, manipulando adecuadamente las restricciones y los objetivos de los problemas de optimización equivalentes, se pueden obtener muchas combinaciones diferentes de modelos de distribución.

Adicionalmente a la formulación de los modelos mediante problemas de optimización equivalente, se ha propuesto e implementado un enfoque de estimación de parámetros basado en la obtención de los multiplicadores de Lagrange de los problemas de optimización equivalentes, que representan los parámetros de los modelos de distribución. Este enfoque de estimación es una alternativa a las estimaciones econométricas clásicas.

El enfoque de modelación presentado puede incluir otras decisiones de los viajeros de un sistema de transporte, como por ejemplo elección de modo de transporte, horario de viaje o ruta utilizada, lo que permitiría formular modelos combinados de transporte, lo que sobrepasa el ámbito de este manual, y pueden constituir posibles líneas de investigación usando como base la información recopilada mediante las encuestas.

8. Referencias

Abrahamsson, T. and L. Lundqvist (1999): Formulation and Estimation of Combined Network Equilibrium Models with Applications to Stockholm. Transportation Science 33 80-100.

Alonso, W. (1973). National Interregional Demographic Accounts: A Prototype. Monograph 17, Institute of Urban and Regional Development, University of California, Berkeley.

Alonso, W. (1986). Systemic and Log-Linear Models: From Here to There, Then to Now, and This to That." Discussion paper 86-10, Centre for population studies, Harvard University.

Ampt E.S y Ortúzar, J. de D, (2004). On Best Practice in Continuous Large-Scale Mobility Surveys. Transport review 24(3), 337-363.

Ampt, E.S., (1996). Review and recommendation of household travel survey data collection methods. Transport Data Centre, New South Wales Department of Transport, Sydney Bureau of Transportation Statistics, Omnibus Household Survey, Results, August 2002, July 2002, June 2002, May 2002, April 2002, March 2002.

Arbia, G. (2006). Spatial Econometrics. Springer ed.

Beckman, M.J., Mcguire, C.B. and Winsten, C.B. (1956). Studies in the Economics of transportation.Yale University Press, New Haven, Connecticut.

Bikker, J. A. (1992). Internal and External Trade Liberalization in the EEC: An Econometric Analysis of International Trade Flows. Economie Appliquee, 45(3): 91 - 119.
Bruton, M. (1985), Introduction to transportation planning, Hutchinson, London.

Cambridge Systematics Inc. (1996). Travel Survey Manual

Chapleau R. (2003). Measuring the internal quality of a CATI travel household survey. International Conference on Transport Survey Quality and Innovation.

Cochran, W.G., (1963). Sampling Techniques, John Wiley & Sons, New York.

Cohon, J. L. (1978). Multi-Objective Programming and Planning, Academic Press Inc, London.

CTS, Canadian Travel Survey (2003), Statistics Canada catalogue no. 87-212.

De Cea, J., Fernández, J.E., Dekock, V., Soto, A. and Friesz, T.L., (2003). ESTRAUS: a computer package for solving supply-demand equilibrium problems on multimodal urban transportation networks with multiple user classes. 82nd Annual Meeting of the Transportation Research Board, Washington, D.C. January 2003.

De Vos, A. F. and J. A. Bikker (1982). Interdependent multiplicative models for allocation and aggregates; a generalization of gravity models. Onderzoeksverslag IAWE-80, Vrije Universiteit, Amsterdam.

EDM (2004). Informe Técnico.

Evans, S. (1976). Derivation and analysis of some models for combining distribution and assignment. Transportation Research 10, 37-57.

Fang, S. C. and S. J. Tsao (1995). Linearly-constrained entropy maximization problem with quadratic cost and its applications to transportation planning problems. Transportation Science, Vol. 29, 4, 353-365.

Follmer R. (2002). Methodological Advances in National Travel Surveys: Mobility in Germany 2002. Conference paper, 10th International Conference on Travel Behaviour Research Lucerne, 10-15. August 2003

Fotheringham, A.S. (1983). A new set of spatial interaction models: the theory of competing destinations. Environment and Planning A, 15, 15-36.

Fotheringham, A.S. (1986). Modeling hierarchical destination choice. Environment and Planning A, 18, 401-418.

Gonçalves, M. and J. E. Souza. (2001). Parameter estimation in a trip distribution model by random perturbation of a descent method. Transportation Research B (35), 137-161.

Griffiths, R., Richardson, A. y Lee-Gosselin, M. (2002). Travel survey. A1D10: Committee on Travel Survey Methods.

Griffiths, R., Richardson, A. y Lee-Gosselin, M. (2002). Travel survey. A1D10: Committee on Travel Survey Methods.

Higuerey, P. y Willumsen, L.G. (1984) Estimation of Origin-Destination Matrices for Rapid Transit Systems Using Low Cost Data. Universities Transport Studies Group Conference, Loughborough, Inglaterra, Enero 1984.

Hitchcock, F.L. (1941). The distribution of a product from several sources to numerous localities, Journal oh Math. and Phys 20, 224 – 230.

Kunert, U., Kloas, J. and H. Kuhfeld (2002). Design Characteristics of National Travel Surveys - An International Comparison for ten Countries, Paper presentation at the 2002 Annual Meeting of the Transportation Research Board, Transportation Research Record 1804,107-116

Lerman, S.R. and Manski, C.F. (1979). Sample desing for discrete choice analysis of travel behaviour: the state of the art. Transport research 13B.

Ministerio de planificación y vivienda de Chile (2001). Actualización de encuestas origen destino de viajes, II etapa.

Morrison, W.I. and R.G.Thumann (1980). Lagrangian Multiplier Approach to the Solution of a Special Constrained Matrix Problem. Journal of Regional Science, Vol.20,3, 279-292.

NISR, Nothern Irland Statics & Researchs agency (2004). Travel Survey for Northern Ireland 2002-2004.

Orpana, T. and Lampinen, J. (2003). Building Spatial Choice Models From Aggregate Data. Journal of Regional Science, Vol.43,2, 319-347.

Ortúzar, J. de D. and Hutt, G. A (1988), Travel diaries in Chile: the state of the art. Proceedings 16th PTRC Summer Annual Meeting. University of Bath, September 1988, England

Ortúzar, J. de D. and L.G. Willumsen (2001), "Modelling Transport", Third Edition, John Wiley and Sons, Chichester.

Ortúzar, J. de D (2004), Travel survey methods in Latin America.

Richardson A.J. and E.S. Ampt (1993). The Victoria Integrated Travel, Activities and Land-Use Toolkit, Vital Working Paper VWP93/1, Transport Research Centre, Melbourne, Australia.

Richardson, A.J., E.S. Ampt and A.H. Meyburg, (1995). Survey Methods for Transport Planning. Eucalyptus Press, University of Melbourne, Parkville, Australia.

Richardson, A.J., Battelino H. (2001). Similar, yet different: some emerging trends in travel surveys in australia. TRB Transportation Research Circular E-C008: Transport Surveys: Raising the Standard III-C.

SECTRA (2001). Actualización de Encuestas de Origen y Destino de Viajes, V Etapa. Trabajo desarrollado por la Pontificia Universidad Católica de Chile, a través de su Dirección de Investigaciones Científicas y Tecnológicas (DICTUC).

Schneider, M. (1959). Gravity models and trip distribution theory, Papers, Regional Science Association, 5, 51-56.

Sen, A. and Z, Matuszewsky (1991). Maximum Likelihood Estimates of Gravity Model Parameters. Journal of Regional Science, Vol.31,4, 469-486.

Skelton, N. (1982). Determining appropriate samples sizes when two means are to be compared. Traffic Engineering and control 23, 29-37.

Smith, M.E., (1979). Design of small sample home interview travel surveys. Transportation Research Record, 701, 29-35.

Stopher, P.R. y Meyburg A. (1979), "Survey sampling and multivariate analysis for social scientist and engineers", D.C. Health and Co., Lexington.

Stopher, P.R. y Sheskin, I.M. (1982), "Toward improved collection of a 24- hour travel record",Transportation research record 891, 10-17.

Stopher, P.R. (1992), "Use of an Activity-Based Diary to Collect Household Travel Data,"Transportation, Vol. 19, pp.159-176.

Stopher, P.R. and P.M. Jones (2003), "Developing Standards of Transport Survey Quality". In P.R. Stopher and P.M. Jones (eds.), Transport Survey Quality and Innovation, Pergamon, Amsterdam, pp. 1-38.

Stopher et al (2003), Standars for household travel surveys-some porpose ideas, International Conference on Transport Survey Quality and Innovation, 2003.

Stouffer, S. A. (1940) Intervening opportunities: a theory relating mobility and distance, American Sociological Review, 5(6), 845-867.

Thorsen, I. and J.P. Gitlesen (1998): Empirical evaluation of alternative model specifications to predict commuting flows. Journal of regional Science, Vol.38, 2, 273-292.

Van Zuylen, J. H and Willumsen L. G. (1980), The most likely trip matrix estimated from traffic counts, Transportation Research, 14B, 281-293.

Willumsen, L. G. (1978), Estimation of an O-D matrix from traffic counts: A review, Institute for Transport Studies, Working paper no. 99, Leeds University.

Willumsen, L. G. (1981), Simplified transport models based on traffic counts, Transportation 10, 257-278.

Willumsen, L. G. (1984), Estimating time-dependent trip matrices from traffic counts, Ninth International Symposium on Transportation and Traffic Theory, pp. 397-411. Utrecht: VNU Science Press.

Wilson, A. G. (1970). Entropy in Urban and Regional Modeling. Pion, London.

Zmud, J. (2003), "Designing Instruments to Improve Response", in Stopher, P.R. and P.M. Jones, Transport Survey Quality and Innovation, Elsevier Press, pp. 89-108.

www.ingramcontent.com/pod-product-compliance
Lightning Source LLC
Chambersburg PA
CBHW081228090426

42738CB00016B/3227